十字架上の七つの言葉と出会う

W.H.ウィリモン
上田好春 訳

日本キリスト教団出版局

Thank God It's Friday:
Encountering the Seven Last Words from the Cross

by William H. Willimon

tr. by UEDA Yoshiharu
Published by The Board of Publications,
The United Church of Christ in Japan
Tokyo, Japan

目次

前書き（または、注意書き）　マーヴァ・J・ドーン　5

第1の言葉　祈りによる問題提起　10
父よ、彼らをお赦しください。自分が何をしているのか知らないのです　13

第2の言葉　祈りによる問題提起　42
はっきり言っておくが、あなたは今日わたしと一緒に楽園にいる　45

第3の言葉　祈りによる問題提起　65
婦人よ、御覧なさい。あなたの子です。……見なさい。あなたの母です　68

第4の言葉　祈りによる問題提起　83
わが神、わが神、なぜわたしをお見捨てになったのですか　86

第5の言葉
祈りによる問題提起　106
渇く　109
第6の言葉
祈りによる問題提起　131
成し遂げられた　133
第7の言葉
祈りによる問題提起　148
説教後の祈り（本書の結びとして）　150
父よ、わたしの霊を御手にゆだねます　152
まとめの言葉　187
訳者より一言　219

＊本書の聖書の引用は、『聖書 新共同訳』（日本聖書協会）によった。
＊訳者の補った語は〔　〕で表した。
＊「原注」は原著注、「＊」は訳者注を示し、各章末に解説を付した。
＊中見出し、小見出しは訳者が付したものである。

前書き（または、注意書き）

マーヴァ・J・ドーン[*1]

その日のことは今もはっきり覚えています。千人もの牧師とキリスト教学校の教師が集まって、最初の講演者から、希望に満ちた励ましの言葉を聴こうと待ちかまえていました。ところがその講演者ウィリアム・ウィリモンが、開口一番語ったのは、現実の厳しさを示す苦い薬のような言葉でした。当然ながらそのお話は、もっと希望に満ちた結論で終わりましたから、その集会で同じく講演を引き受けていたわたしも、大いに感謝して聞いたのです。

このとき、ウィリモンは、合同メソジスト教会北アラバマ教区の監督であり、それ以前には、デューク大学チャペルの学部長、神学部教授として説教学、伝道学を長く教えていました。[*2] ウィリモンは、人生の現実をわたしたちが真剣に見るように手助けするのが実に上手です。さらに重要なことですが、ウィリモンがたくみなのは、わたしたちを神の真理に出会わせ、それによって、希望に満ちた現実感覚のもとにわたしたちを人生の戦いに立ち向かわせることです。

この本でもウィリモンは期待を裏切りません。主イエス・キリストの十字架上のお言葉の重さを、厳粛に、かつ緊迫した思いをもって見つめ直して、その御言葉に現れる三位一体の神の御心の深みを、さらにくわしくわたしたちに示してくれます。

その最中には、びっくりするようなことが何度も起こります。多分わたしたちは、主イエスの最期のお言葉を、あまりにも聞き慣れているのでしょう。どんな説明を聞いてもショックを受けなくなっています。そんなにも鈍感になっているわたしたちには、ウィリモンのような人がいて、イエスさまの十字架上での嘆きの叫びと慰めの祈りと切実な懇願とを聞き取ったときの驚きを思い出させてくれることが必要です。

ユーモアとアイロニー

わたしたちは、神さまを誤解していて、それがわたしたちの神認識に手ひどい傷を負わせています。このことに気が付くようにとウィリモンは力を添えてくれます。ウィリモン自身も混乱し、間違いを犯していることを、正直に告白するからです。教会に対して、手きびしい訓戒の声を発するときにも、ウィットをこめて、率直に語りますから、わたしたちもウィリモンとともに、恥じ入り、悲しみ、悔い改め、そして立ちなおるようにと、招き入れられるのです。

ウィリモンが見せてくれるのは、わたしたちが神を誤って捉えていることから生まれるユーモアと、神を自分たちの都合で小さなお方だと決めつけてしまうことによるアイロニーです。イエスさまがわたしたちのために受けてくださった苦痛の恐ろしさを語ってわたしたちを驚かせるとき、また、イエスさまが父なる神と聖霊なる神に対してだけでなくわたしたち罪ある人間にまで示された誠実さを語って、わたしたちをも元気づけようとするとき、そんなときにも、ウィリモンはユーモアやアイロニーを忘れません。

しかし、どうぞご注意を。ウィリモンは、わたしたちが自分の行動や礼拝の都合に合わせて、神を卑小なお方だと思いこむことを、けっして許しません。

十字架上の七つの言葉を真実に聴くならば、わたしたちは恐れ震えずにはいられません。そのときわたしたちが知るのは、イエスさまが地上に肉体となった神として、みずから空しい存在となられたことであり、絶対的な権威を持つ父なる神が、愛のゆえにこそ、最大のへりくだりを示されたことであり、聖霊なる神から絶えず送りこまれる風が、そこでこそ神をほかならぬ神としておられることなのです。

イエスさまの十字架に現れた、この三位一体の神のお働きを、調子のいい賛美歌の歌声や、耳慣れた教義の朗読に押しこめてしまってはなりません。わたしたちが見るべきなのは、父・子・聖霊なる神が、粘り強く、苦悶に耐えつつ、目的を達するまで、わたしたちを愛し続けてくださることです。その愛はわたしたち人間の想像を絶する愛です。これを知ったわたしたちは、つつましい尊敬の念と、心にあふれる情熱と、献身への揺るぎない決意とをもって、神に応答し、全身全霊で真実の神をほめたたえるしかないのです。

金曜日ごとに読む本、とくに受難週の前に

いくつかの教派が発行している毎日の祈祷書の中には、詩編全編を七週間で読み通し、これを繰り返すように指示しているものがあります。この方式によると、毎週金曜日に読むべき詩編が、いつも詩編第22編のような、悔い改めと嘆きの歌になるように配置されています。この方式の聖書日課でわたしはここ数年祈ってきましたが、そうすると、特に金曜日には、イエスさまの十字架にかかられた聖金曜日のことを深く思いめぐらし、それに感謝をささげることが習慣になりました。

これと同様に、ウィリモンのこの本を読むならば、イエスさまが十字架におかかりになってわたしたちのためにしてくださったことを、新しく、より深く理解できることになるでしょう。いつ読んでも役に立ちますが、とりわけ、受難週にはその深い意味をかみしめながら、じっくりと読む必要があるでしょう。新たにされた感謝の心と、この世界の救いのためにすすんで苦しみを受けてくださったイエスさまに従っていきたいという新たな望みをもって。

＊1　一九四八年アメリカのオハイオ州生まれの福音伝道者。彼女はノートルダム大学で四つの博士号を取得。ワシントン州バンクーバーで超教派のクリスチャン組織である Christians Equipped for Ministry「伝道牧会職に備えられたクリスチャンたち」を設立、指導にあたった。著書 *The Sense of the Call: A Sabbath Way of Life for Those Who Serve God, the Church, and the World* (Eerdmans, 2006『神の召しを感じて――神、教会、世界に仕える安息日の生き方』) など多数。説教学の本としては、ユージン・ピーターソンとの共著で *The Unnecessary Pastor: Rediscovering the Call* (Eerdmans, 1999『不必要な牧師――召命の再発見』) がある。加藤常昭『説教者を問う』(二〇〇四年、キリスト新聞社) 二一ページ参照。

＊2　ウィリモンは、二〇〇四年から二〇一二年の八年間、合同メソジスト教会北アラバマ教区の監督であった。その後はデューク大学神学部に戻り、説教学と牧会学を教えており、デューク・メモリアル・合同メソジスト教会の牧師も兼ねている。

第1の言葉

祈りによる問題提起

流血の中に生まれ、流血を続ける国民

主なるイエスよ。

わたしたちは深呼吸とともに、十字架上で血を流しておられるあなたを見つめようとしております。あなたの物語は、メル・ギブソンの映画[*1]で見る限り、暴力であふれており、吐き気がするほどです。わたしたちが教会に通ってくるのは、気分を悪くさせられるためではなく、すこやかさを喜び祝うためです。教会という場所は、わたしたちの考え方を元気にして、霊的な出発をさせてくれるところであるはずです。

しかし、わたしたちを教会に来させ、特に金曜日には、このような流血の物語を見させようとなさる神とは、いったいどんな神でいらっしゃるのでしょうか。多分、わたしたちアメリカ人をこよなく愛する、病的な神ではありませんか。なにしろ、アメリカ人は史上最悪の暴力文化のなかに住んでいるのですから。

仕方ない。それは認めることにしましょう。歴史の教科書はそのことに立ち入ろうとはしませんが、わたしたちアメリカ人は血にまみれて誕生しました。折り重なった死体の山から起き上がってきた民族です。殺されたネイティブの住民たち、リンチを受けた奴隷たち、そして数え切れないほどの、敵国の人たち、そういう人々の死体の山のなかから立ち上がり、手を洗って、国旗を高く掲げ、宣言するのです、「自由は正義である」と。病んでいるとは、まさにこのことです。

ナショナル・フットボール・リーグの現役あるいは元選手たちによる凶悪犯罪、ブルース・ウィリス主演の暴力に満ちた最新作、今年、仲間の市民を殺害した数百人のニューヨーカー、海外政策を推し進めるためにわたしたちが喜んで差し出そうとしている子どもたち。わたしたちアメリカ人はいったいだれをばかにしようとしているのでしょうか。わたしたちはまだ血を流し足りないとでも考えているようです。フランスを説得して血による贖いに協力させようとして、うまくいかなかったのかもしれませんが、しかし、わたしたちはアラバマ州民です。アラバマの人たちが、少なくとも信奉しているものは、流血による権力です。わたしたちの真実を語るには、血塗られた物語を語るほかはありません。

以上のような具合ですから、まず初めにここではっきりと警告させてください。わたしたちアメリカ人を愛してくださるような神は、どなたでも、手を汚すしかないのです。その独り子を地上に遣わして人類を救おうとする父は、その子を死なせる覚悟を決めていなくてはなりません。神よ、覚悟しておいてください。わたしたちは救い主と敵との違いがわからないのです。

ですから、主イエスよ。来てください。来たりて、地上で一週間を過ごしてください。わたしたちの政治権力と向かい合ってください。普通の人々の暮らしの雑踏のなかに、お入りになってください。日曜日にはろばの背に乗って、行進してください。木曜日にはわたしたちと晩餐をともにしてください。わたしたちの法的制度とかかわってください。そして金曜日にあなたに何が起こるかを見てください。わたしたちがあなたに何をするか、来て、見てください。あなたの愛をからかい、あなたのご支配をののしり、あなたの血染めの栄光になお血を注ぐありさまを見つめてください。

ああ、主よ、来てください。こんなわたしたちに、あなたが何をなさるかを、ああ、見させてください。アーメン。

＊1　アメリカの俳優メル・ギブソンが製作、監督、脚本を担当した『パッション』(二〇〇四年二月全米公開、同年五月日本公開) のこと。イエスが処刑されるまでの十二時間をリアルに描写して話題を呼んだ。

父よ、彼らをお赦しください。自分が何をしているのか知らないのです

ルカによる福音書第23章32―38節

神と神の対話

十字架上の最初の一言

「父よ、お赦しください」。……イエス・キリストは十字架上での最初の言葉を、わたしたちに向かってではなく、神さまに向かってお語りになります。これまでの三年間、主イエスはずっと、わたしたち人間に向かって、語られ、説教され、お教えになり、勧めをなさり、指導をしてこられました。今、わたしたち人間が、主イエスを十字架にかけて死なせようとするこのとき、主イエスはわたしたちから目

を離して、ご自分の父なる神に向かってお祈りになるのです。

「父よ、お赦しください」

これまで直接に語りかけていただいていたわたしたちは、いまや、傍観者になっています。父なる神、子なる神イエス、聖霊なる神の三者であられて、本質としてお一人でいらっしゃる神、すなわち三位一体の神が、その御心の奥深くで互いに交わしておられる会話を、わたしたち人間は、漏れ聞くのみなのです。

いま、最後の場面になって、一時は熱狂していた群衆は影もなく立ち去り、イエスの声を聞く者は、父なる神お一人です。ここで語られたのは、まさに、神が神に向かってお語りになった御言葉です。罪を赦すことは、まさに神だけがおできになることです。またこの祈りを、主イエスに代わって祈る権限を持つ人間などだれもいません。

では神の子は父なる神に向かって、いったい何を祈っていますか。まさにこの祈りしかないという祈りが、この御言葉です。「父よ、彼らをお赦しください。自分が何をしているのか知らないのです」。

自分が何をしているかわかるために

自分が何をしているのか知る人間になりたいということは、幼いときからのわたしの人生の目標の一つだったと思います。幼児教育の教室で、「人間の成長と発展」として定義されているのは、このことではないでしょうか。「人間の成長と発展は、まさに自分が何者であるかを知るプロセスである」と教えられていますよね。

わたしたち人間は、初めは、生まれたままの本能と、肉体の機械的な反応と、ホルモンの生理的応答とで生活しています。やがて、青春期に入り、大学教育も受けて徐々に、自分がどこにいて何をしているかを学んでいきます。苦痛を避けて快楽を求めることを学びます。非生産的で、効率の悪い行動のいくつかはしなくなり、もっと実りの大きい、有益な行動に参画するようになります。そこで手に入れるのが、鋭敏な「自己認識」で、これによって、世界のあり方をよく知って、深く考えつつ、活動していきます。自分自身の世界観を手に入れて、世界を「わたしたちの世界」と認識するようになっていきます。素晴らしいことですよね。

神学生のころ、「キリスト教倫理」を学びました。キリスト教倫理は、倫理における種々の選択肢を比べてみて、注意深い、理性的な思考を経て、一つの行動を選び取り、その選択肢を慎重に実践していく学びでした。

まったく素晴らしいことですよね。

わたしはその合理的、倫理的な考え方を学ぶ科目でAをもらいましたが、人生においてそれを実際の行動に移そうとすると落第点しか取れずにいます。

わたしたちが、思慮深く慎重で、物事をよく考えようとするのは、たいへん素晴らしいことですが、ここにちょっとした問題点があります。それは、そういうわたしたちも、あの金曜日に、西洋思想における最高の法的判断に理性をもって従った末、神の御子を苦しめて十字架の上で殺した人間の一味だということです。

なぜ、そんなことが起こったのでしょうか。まさに、わたしたちは何をしているのか知らなかったのです。あの日にわたしたち人間は、何をしているのか知らなかったし、いまも知らないのです。将来にわたっても、何をしているのか知らないままでしょう。わたしたちみんなが、闇のなかをつまずき歩いています。

知り合いのある人からこんな話を聞いたことがあります。その人は第二次大戦中にフランスで哨戒の任務についていました。ある夜のこと、彼は真っ暗な田舎道を進んで来るドイツ兵に驚いて発砲し、銃弾を見事に命中させました。しかし、その死体を確認しに行ったとき、それが、味方の別の部隊に所属している親友の一人であることがわかりました。

「君は何をしているか知らなかったのだから」というわたしの言葉は、何の慰めにもならなかったようでした。

株の販売業者が訪ねてきて、定年後の年金の運用について、いろいろな図表やグラフを取り出して説明を始めました。

「そういうものを使うのは、株式への投資が、カジノでの賭け事のレベルよりも向上していることを見せてくれるためなのかね」

と、わたしが言いますと、この人は答えました。

「いえいえ、こういうものをお見せするのは、わたしが、自分のしていることをよく知っている人間だというイメージを伝えて、安心してもらうためなのですよ」

イエスを十字架につけた人たち

しかし、どんな人も、自分のしていることは知らないのです。これは、言い訳ではなく、人生の事実です。じっさいに、わたしたち人間の行う悪事のほとんどが、何をするつもりか考えもなしに実行されているのです。

ローマの兵士たち、ユダヤ最高法院の議員たち、大声で騒ぎたてる群衆たち――この人たちが神の子を殺そうと決めるまでには、それぞれどのようないきさつがあったのでしょうか。わたしたちは、まじめに「法と秩序」を守ろうと考えていました。聖書の良き教えに忠実に従っていると思っていました。言ってみれば、上官の命令に従う従順な兵士だったにすぎません。わたしたちは本能的に直感していました。自分は裁判の進行に責任をもって手を出してはいないと。政府がやったことだと。すべては、法的に最善の手続きを踏んで行われたことだと。

実際は、主イエスが祈られたように、だれ一人として、「自分が何をしているのか知っている」者はいなかったのです。そうしてこれは、エデンの園で、サタンがわたしたちに約束してくれたことではないでしょうか。そこには、善悪を知る者となる木が生えていました。その実を食べれば、わたしたちの「目が開かれます」[*1]。わたしたちは知る者となります。これはつまり、神のようになるということです。神と人間との違いはどこにありますか。神はすべてのことを知っておられるのに、わたしたち人間の知っていることは極端に少ないのです。

サタンの誘惑に負けて、わたしたち人間は知恵の木の実を取って食べました。わたしたちの目が開かれました。そこで人間が目にしたものは何でしょう。生殖器だったのです。目が開けて、新たにわかったことは、自分が裸であることだけでした。そして二人は神を恐れたのです。人間が得た最新の知識は、人間の脆弱さを暴露する結果をもたらすだけだったのです。

羊と山羊の違い

マタイによる福音書第25章の31―46節を見てください。最後の審判のたとえ話です。主イエスがお話しになった短い物語のうちで、いちばん気味の悪いものの一つです。

世の終わりの時に、人の子が栄光の座につき、すべての国民、民族を裁かれます。主イエスの左手には、山羊が集められます。山羊たちは、イエスの兄弟である「最も小さい者たち」に良いことをしてやらなかったので、罰を受けます。貧しい者、牢に入れられた者、迫害されている者のなかにおられる、隠れた姿のキリストに気づかなかったからです。一方、裁き主の右側に集められた羊たちは、この最も小さい者たちに愛の手を差し伸べたので、永遠の報酬を受け取ります。

卒業試験の結果発表はうれしいものです。ついに最後の判定がもらえます。しかし、合格の根拠は何でしょうか。「わたしが牢に入っているときに見舞ってくれたからだ」というものです。

この判定はショックです。このイエスさまのたとえ話では、合格した羊たちの受け答えは、落第生の山羊たちとまったく同じです。言葉も一緒です。人の子の判定に対する反応も同じです。「主よ、わたしはいつあなたにお会いしたでしょうか」。羊も山羊も、同じ発言をしました。

皆さんは、山羊たちは愚かだったのだろうと推測なさるでしょう。この子たちは、教会学校をさぼったのかもしれない。神さまについて性的差別のない代名詞を使わなかったのかもしれないし、あるいは、ハビタット・フォー・ヒューマニティ[*2]の奉仕に行かなかったのかもしれません。

しかし、イエスさまの語ったこのたとえでは、羊たちも、山羊たちと同様まったく愚かです。羊も山羊も同じことを言いました。「主よ、わたしはいつあなたにお会いしたでしょうか」。

祝福された羊のほうは、物事をよく知っていて、囚人を訪問したり、冷たい水をコップ一杯差し出したりしました。しかしそれを主イエスに対して行っているのだということには、まったく気づいていませんでした。その点では、非倫理的で無感動だった山羊たちと、少しも変わりはありません。全員が愚かだったのです。

主イエスを見つめていたかどうかという点になると、最終的に、羊と山羊に区別はありません。両者ともに、裁きの席の前に立ったときには、「主よ、わたしはいつあなたにお会いしたでしょうか」という愚かな言葉を発するしかないのです。

三位一体の神と十字架

神義論と「人義論」

主イエスの審判のたとえ話は、単に、倫理的に正しい行動がもたらす結果を覗き見させてくれるお話なのでしょうか。いや、それ以上のものです。これは人間の無知が織りなしたシンフォニーの最終楽章なのです。もしイエスさまが、マタイによる福音書の第25章に至るまで待って、この最後の場面にきてようやく、わたしたち羊を見きわめて、内輪の仲間として受け入れてくださったと思うようなら、そんな判断はすべて忘れ去ってください。

弟子たちはここまでの24章をかけて、イエスさまが何者であるかを知ろうと、苦労に苦労を重ねてきたわけですが、いまだに、初めのころと同じ愚かな弟子たちでした。マタイの第4章から主イエスに従い始めた弟子たちは、愚かであったものがますます愚かになってこの第25章に至っているのです。

イエス・キリストに関する判断では、わたしたちはみんな素人です。

義なる神の王としてのご判断を、好き勝手に動かしたり、思いどおりに管理したりすることは、だれにもできません。では、イエスさまと「お近づき」になって、進歩的な政治思想を共有し、イエスさまの味方になることならできると思うかもしれません。イエスさまをよく知っているのだから、神の裁きをまともに受けずに済むと思うかもしれません。

とんでもないことです。わたしたちは、「自分が何をしているのか知らない」のです。

こういう考え方は、どちらも、自分たちの「手の届く範囲」で神やイエスを判断しようとする態度です。カトリーナ[*3]と名付けられた台風が、アメリカ南部を襲ったのち、しばしば投げかけられた疑問はこれでした。

「神が良いお方であるならば、どうしてこんなことを起こされるのでしょう。神さまはこれについて説明してくださるのでしょうか」

これはわたしたちの神学用語で「神義論」（theodicy）と呼ばれるもので、「神のなさることは正しいということを、わたしたち人類に説明しようとする」議論ですが、考えることのできる唯一の答えはこの神義論しかないようです。ただし問題があります。聖書は神義論にまったく関心を抱いていないのです。中でも自然災害を人間性に照らして解説するというのは神学の仕事ではありません。自然災害は生物学・生態学が懸命にとりくんでいるテーマです。

聖書においてなされる議論はむしろ「人義論」（homodicy）と呼べるような考え方です。つまり、神の前で罪深い人間をいかに説明するか、正当と認めてもらえるかという姿勢なのです。聖書が大きな関心を抱いているのは、ハリケーンの災厄ではなく、人間の罪なのです。

コリントの信徒への手紙二第5章19節を見てください。「神はキリストによって世を御自分と和解させ」られたと書いてあります。「キリストは世にあって、神を世と和解させせ」られたとは書いてありません。被告席にいるのは神であると考えるのは、なんとわたしたち人間のやりそうなことではありませんか。独創的で、こころやさしい人々――わたしたちによって、神こそが義と認められるべきだとするのです。キリストの十字架に出会う以前なら、まさにわたしたちが典型的に行いそうなことです。

十字架上の第一声は？

さて、十字架上で苦しみに耐えている主イエスが、最初に発言した御言葉が、「父よ、お赦しくださ い」であるのを、皆さんは不思議に思われませんか。流血と暴力と、不正のさなかで、骨を砕かれ、腱を断ち切られ、手を柱の横木に釘付けにされているイエスさまの発言です。反論か非難か告発かを口にされてもおかしくないのに、主イエスがまず初めに言われたのは、「父よ、お赦しください」だったのです。

以前に主イエスは、敵を赦して、迫害する者のために祈るようにと[*4]、お教えになりました。わたしたちはそれを比喩にすぎないと考えていました（現実問題として、わたしはずいぶん長い間、イラクの元大統領サッダーム・フセイン〔一九三七―二〇〇六年〕や、サウジアラビア出身で、国際地下組織アルカイーダの指導者ウサーマ・ビン・ラーディン〔一九五七―二〇一一年。二〇〇一年の9・11アメリカ同時多発テロの首謀者とみられ、一〇年後に米軍により暗殺された〕の魂のために本当に良いお祈りをすることができないでいました)。

十字架の上で主イエスは、あえて、最大の敵、福音の邪魔をする悪人どものために祈られました。そういう敵とは、実はわたしたちのことです。

主イエスが赦しと無知とを結びつけておられるのは、奇妙といえば奇妙です。わたしだったら、普通に考えて、無知は赦しの正反対の事情だと考えます。つまり、よくこういう発言をします。

「赦しは素晴らしいことですね。でも、まず犯罪者が自分の罪を知って悪いことをしたと認めてから行うべきことですよ」

初めに、悲しみに満ち、事情をよく認識した上での悔い改め、その次に恵みあふれる赦しが与えられる、それが普通の順序です。そう思いませんか。

それにもかかわらず、ここ十字架の上で実行されるのは、先行する赦しです。すべては、赦しから始まります。イエスさまの最初のお言葉は赦しなのです。これはまるで、天地創造の時に、神が第一に「光あれ」とおっしゃったのではなく、初めに「赦しあれ」とおっしゃったようなものです。初めに赦しがなければ、この新しい世界は創られない、混沌のなかから秩序は生じない、死から生命は生まれない、わたしたちと神さまとの交わりも発生しないということなのです。赦しこそが、神さまがわたしたち人間に向かって架けてくださった橋です。わたしたちが踏み出す第一歩です。この橋をお創りになれるのは神さまだけです。わたしたちの暗闇に響く第一の声は、「父よ、お赦しください」です。

「父よ、お赦しください」が、わたしたちと神さまとの間に交わされる会話の第一声となるべきです。なぜなら人間には罪があるから、しかし神はわたしたちを求めて永遠に探し続けておられるからです。赦しは、神がわたしたちとともにおられようとするなら、どうしても必要となるコスト（経費、犠牲）なのです。わたしたち人間は、神さまが愛の手を差し伸べてくださるたびに、必ず邪険にふりはらうからです。

神さまの選択肢

ここ、十字架の上では、父なる神さまがおとりになる行動に、二つの可能性があったと思います。その第一は、わたしたち人間をお見捨てになることでした。神はこうおっしゃってもよかったのです。「わかった、もうたくさんだ。わたしは人間に到達できるようにあらゆる力を尽くした。抱き取ろうとした。救い上げようとした。わたしのもとに連れてこようとした。しかし、人間はわたしの独り子を殺そうとした。これでおしまいにしよう」。この瞬間、人は放棄されていたかもしれないのです。

第二は、父なる神が子なる神を人間の罪の手に渡し、そのまま見捨てることでしょう。神の子が、十字架にかかったまま、神が何もしないで放置し、人間の悪意の犠牲者にしてしまうことも、可能性としてはあり得たかもしれません。

しかしこれらは、神が聖書に啓示された神であるかぎり、決してご採用になるはずのない選択肢です。父なる神が子なる神と離れることはあり得ません。父なる神は、子とともに苦難と恐怖のただなかにおられることで、わたしたち人間を贖《あがな》いとられるのです。父なる神は、人間とともにとどまることで、十字架にかかられる子なる神を保持なさるのです。

この間、三位一体の神――父、子、聖霊なる神――の一体性は常に維持されており、そのことによって、父なる神、聖霊なる神は、子なる神の苦しみをともに体験なさいます。父なる神がもし、子なる神をお見捨てになったとしたら、そのとき、父なる神たる真実のご自分の姿をなくしてしまわれたことでしょう。ですから、父なる神は、三位一体の神の生命を保持なさるときに、わたしたち罪人に偉大なる赦しをお与えくださることを通して、人間とひとつになってくださるのです。なぜなら、父なる神と聖霊なる神は、肉体をとった神の言葉である、子なる神とともにおられようとするならば、まさにそのとき、神殺しの罪人であるわたしたち人間と、ともにおられねばならないからなのです。

ですから、十字架上から罪の赦しをお与えになるとき、主イエスはそれまで行ってこられたみわざをそのまま続けておられることになるのです。父なる神もまた、御子イエスの懇願に答えて赦しをお与えになるのは、神ご自身が聖霊の力と豊かな支援を受けつつ、常になさっている仕事をなさっておられるにすぎません。その仕事とは、罪深い人間に対して御手を差し伸べ続けることです。そして御子は十字架において、父なる神が聖霊とともに、世界の歴史全体を通してなさってきたことをなさっておられるのです。ただし、十字架を通してそのお力を強め、そのみ業に集中しておられます。

三位一体の神と十字架

こういうわけで、今日のお話のはじめに申し上げたこと、すなわち、わたしたち人間は十字架において三位一体の神の生命のなかで交わされる会話を聴かせていただくのだということがおわかりいただけたと思います。

ゲッセマネの園で主イエスがこう祈られたのを覚えておられますか。

「父よ、わたしは死にたくありません。この杯をわたしから過ぎ去らせてください[*5]」

この祈りで、イエスさまは芝居を演じているわけではありません。十字架につくことを熱心に求めておられなかったのは明らかです。しかしそれでも、イエスさまはわたしたちを究極まで愛して、父なる神の名によってわたしたちをご自分のものとされようと固く決めておられましたから、十字架がイエスを見出して、主イエスは神の御心のままに、十字架を負うことをご自分の意志で望まれました。

これと同じようなことが、旧約聖書では何回も行われています。父なる神が預言者を通してユダヤの民と議論なさるのです。「イスラエルよ、わたしはお前を見放した。わたしは何度お前と契約を結ぼうとしたことか。お前をわたしの民としようと力を注いだことか。しかしいまや、お前の偶像礼拝と背教とによって、わたしはお前を見捨てる。もうこれでわたしは立ち去る」[*6]。こう言っておられながら、ほんの数節あとではこう言われるのです。「エフライムよ。お前を離れられようか。お前をそのまま行かせられようか」[*7]。

そして主なる神の聖なる霊は、変幻自在であって、容赦のない意志の強さをもってわたしたち人間に親密に近づき給うのです。しかしまた、聖霊は、変わり身がはやく、同じ姿にとどまらず、自由で、とらえることができないお方です。人間の間を自由に行き来し、思いもよらぬときに現れたり、去っていったりなさいます。

まさに、ここ十字架において、子なる神が苦しんでおられるとき、父なる神も深い慈しみをもってともに苦しまれます。その「慈しみ」は、「神の変わらざる愛」として旧約聖書では「ヘセッド」という言葉で表現されてきましたが、十字架の苦しみにおいてこの「慈しみ」が頂点に達しています。

そして、父と子とともに共同体としての交わりを持たれる聖霊は、わたしたち人間に親しめば親しむほど、どんな神であってもどうしても感じずにはいられない苦痛を、ともに味わっておられるのです。

ここ十字架上で、主イエスは、「父よ、彼らをお赦しください」と祈られます。そのときわたしたちは、ヨハネによる福音書で、イエスさまが、「わたしと父とは一つである」[*8]とおっしゃった言葉が本当であると知るのです。父なる神と子なるイエスさまは一つであられるので、子なる神が父を愛して父に奉仕しておられ、父なる神もまた子なる神を愛して子なる神に奉仕しておられるのなら、ここでわれわれ人間を両者の交渉の主題としておられることでしょう。そして、人殺しとも言うべきわれわれ罪人を交渉の対象となさるからには、そのとき、驚くべき神聖な「罪の赦し」の行為が実現しなければなりません。

三位一体なる神が、われわれ罪人に、御手を伸ばし、引き戻し、抱きしめてくださるとき、何が生じているでしょうか。それこそ、十字架です。ところが、そのときわれわれ罪ある人間は、この神の愛の発現に対しては何としても抵抗したくなるのです。自分の使えるものすべてを投入し、たとえそれが、宗教心であっても、霊性であっても、信仰心であっても、あらゆるものを使って、神の愛に逆らおうとします。しかし、そのただなかでわたしたちに与えられるのが、なんと、神による「赦し」なのです。

これは、イエスさまが、ヨハネによる福音書で、「わたしを通らなければ、だれも父のもとに行くことができない」[*9]と言われたことの一つなのです。すなわち、われわれが父なる神に近づくには、父、子、聖霊なる三位一体の神が、赦しをもってわれわれに近づいてくださる方法をおいて他にないということです。

そのときの主イエスの祈りの意味は、「父よ、彼らをお赦しください。なぜなら、彼らは、自分のしていることを論理的に正しく知ることができないので、罪を問われては気の毒な連中だからです」というものでは決してなかったとわたしは考えます。

そうではなく、イエスさまの祈りは、「父よ、彼らをお赦しください。なぜなら彼らは、自分のしていることの本当の恐ろしさをまるでわかっていないからです」というものだったと思います。

もちろんわたしたちの愚かさや残虐さが本当に赦されない限り、神は、わたしたちを受け入れてはくださいません。しかし、わたしたち人間が自分のしてきたことを本当に「知る、わかる」まで待つとしたら、神は永遠にお待ちになるしかないでしょう。わたしが、罪を知り、認め、告白するのを持つのなら、あなたは永久に待つことになるでしょう。そして人間は永久のいのちなど持っていないのです。神のみが永遠です。あなたが罪人であることをまず自覚してからわたしと話そう、と神がお考えになるのなら、その話し合いは永久に起こらないでしょう。わたしはいつも自己防衛を図り、自己欺瞞を続けますから、自分から自分の罪を認めることは、決してできないのです。それよりは、死んだほうがましだ、と思うくらいなのです。

「君は、神の子を十字架にかける陰謀に参加しただろう?」

「えっ、ぼくが？　とんでもない。あなたはいつもぼくを責めたてますね。ぼくは、いつだって、最善を尽くして生きているのに」

こんな具合ですから、わたしたちには、まず言われるのです。「あなたは赦された」と。そのうえで、三位一体の神は「じゃあ、話そうか」と、おっしゃるのです。

先行する罪の赦し

罪の赦しと病気の癒し――「それもだ」

皆さん、レイノルズ・プライス[*10]という作家をご存じですか。わたしの親しい友人でもありましたが、脊髄癌にかかり、長く苦しみました。その病中、ある日夢を見ました。夢の中で、レイノルズはヨルダン川で膝まで水に浸かっており、そばでイエスさまが洗礼をさずけておられました。イエスさまはレイノルズをご覧になると、「わが子よ。あなたの罪は赦される」とおっしゃいました。

夢の中でレイノルズはイエスに反論を加えます。「わたしが自分の罪を気にしているなんてだれが言ったのですか。わたしは病気をなおしてほしいのです」。イエスさまはちょっと不機嫌になった様子で、一言おっしゃいます、「それもだ」。

この一連の事情の続き具合は、非常に興味深いものがあります。第一が、「父よ、お赦しください」という祈りです。次に「彼らは何をしているのか知らないのです」というお言葉です。

感謝すべきことに、わたしたちの神との関係は、今日も、わたしたちの側の事情に関わってはいないのです。わたしたちは知らなくていいのです。自分が何をしているか、自分が何者であるか、この場の状況が何を意味しているか、わたしたちの動機はどこにあるのか、気にしなくてもいいのです。神との関係は、神によってのみ決められるのです。「先行する赦し」によるのです。

　主イエスがガリラヤの村々を歩き回っていた明るい日々のことを思い出してください。イエスさまは歩き続け、人々に出会うと言い続けられました。「あなたの罪は赦された」と。そして、「行きなさい、もう罪を犯してはなりません。あなたの罪は赦されたのですから[*11]」。しかし、主イエスに、罪の赦しを頼んだ人はほとんどだれもいません。イエスさまだけが、罪の赦しが最初の言葉とならない限り、神と人間の出会いは起こらないとご存じだったのです。

　人間の悔い改めよりも神の赦しが先にくるということの意味は次のことでもわかります。わたしたちは、自分自身に誠実であり、正直であれば、神はわたしたちを滅ぼしたりはされないと、わかっていない限り、自分の真の姿を告白する勇気を出すことはできません。だから、十字架から真理が語られる前に、十字架から赦しが与えられるのです。キリスト者が自分の罪を告白するのは、それによって赦しを得るためではなく、その前に赦されているからなのです。「父よ、お赦しください。彼らは何をしているか知らないのです」。

　大学の神学部で説教学を教えていたとき、学生たちに説教の最初の言葉が重要であると教えました。「君たちの最初の一言が、あるいは最初の数センテンスが、説教の調子を決め、説教がどこに行くかを決定づけてしまうのだよ」。それでは、「父よ、お赦しください」というこの祈りは、十字架上の会話の行く先を、どのように決定していると皆さんはお考えですか。

二、三年前に、世界宗教学の大家、ヒューストン・スミス教授〔一九一九―二〇一六年〕がデューク大学で講演をなさったとき、諸宗教の特徴をよく表したキーワードを示されました。

イスラム教は祈り。ユダヤ教は家族。キリスト教は？ ……赦しでした。

敵を赦すことこそが、イエスさまご自身の信仰の特質であり、また、主イエスを信じる信仰の特質でもあるそうです。

主イエスの一連の祈りのなかで、この祈りが最初に来ることに、わたしたちが違和感を覚えるのは、ちょっとばかり興味がわくところです。わたしたちにとって、赦すという言葉は、仮に赦すことがあるとすれば、それは明らかに二番目に来る言葉です。まずはじめに、「違反者に赦しを請わせるべきである。ごめんなさいを言わせるがいい。心底から謝らせろ。それから赦しを与えよう」。

しかし、あのカルバリの丘、主イエスが十字架にかけられたあの山では、だれも主イエスに赦しを求めませんでした。だれ一人として、「ごめんなさい」とも、「しまった、間違ったラビを処刑しているみたいだ。赦してくれ」とも言いませんでした。

それなのに、イエスは真っ先に言われました。「父よ、お赦しください」。

カトリック教会の倫理神学では、教会における悔悛の持つ力のなかに罪の赦しを求めています。赦しが与えられるためには、「痛悔の行為」がなされねばなりません。

しかしここカルバリの丘では、これらの行為は一切ありませんでした。ただ、「父よ、お赦しください」の御言葉だけでした。

この一言、「先行する赦し」の御言葉において、主イエスは生涯でもっとも攻撃的となられたのでしょうか。わたしたち人間が主イエスを十字架にかけた理由がここにあったのでしょうか。主が、わたしたちが求めもしないうちに、わたしたちを「赦してください」とお祈りになったために？　いや、さらにその上に、わたしたちに他者を赦すようにとお求めになったために？

罪の赦しについての説教で、アウグスティヌスは（説教49―8で）次のように述べました。彼の教会では、「主の祈り」[*12]から「我らに負い目（借財）を負うものを我らがゆるすごとく、我らの負い目をもゆるしたまえ」の一句を省略する人が時々あったとのことです。この祈りを唱えるとき、ここだけ声を出さずに通過するのだそうです。というのは、声に出して祈ると、うそをつくことになるからだそうです。

「この人たちはよく知っていた」とアウグスティヌスは言いました。「この祈りをすることによって、彼らは一種の契約を結ぶことになるのだ」と。なおまた、ルカによる福音書の最初期の版には、この句が主の祈りから省かれているものがあるとのことです。「赦し」とはなんと困難なことでしょう。

頼まないのに赦される？

ユダヤ教のラビの一人がわたしに言ったことがあります。自分はイエスのしたこと言ったことのほとんどを高く評価しているが、イエスの十字架の祈りの最初の言葉にだけは、ユダヤ人として、賛同できない。これはもっとも攻撃的で、嘆かわしく、非難すべき言葉だと思うと。その理由は？

「われわれユダヤ人は、もう十分な数の人々を異教徒によって十字架にかけられています。もうこれ以上、ユダヤ人を殺した異教徒をユダヤ人が赦すようなことがあってはならないと願うからです」

　このラビの言うことはもっともだと思いました。

　以前担当していた教会で、ボーイフレンドから虐待を受けていた一人の女性がわたしに言いました。

「わたしは一生懸命に祈りました。どうか、あの人を赦す力を与えてくださいと」。

　わたしは答えました。「それはだめですよ。あなたはまず、彼に話しなさい。彼が間違っていると。もしこれ以上暴力をふるうなら、遠慮なく警察を呼ぶからと。刑務所にぶちこむからと。それだけのことをして、それでもし、彼の暴力がとまったら、そう、それからはじめて、赦しについて話しあいましょう」。

　この手順とは全然違うことをイエスさまはなさいました。十字架上で主イエスはまず、赦すことを神に祈りました。十字架上の主イエスの御言葉に耳を傾け、そこから学ぼうとするなら、まず主張がはっきりしていて、学ぶことが難しいのが、この第一の祈りです。

「罪まで赦すこの人は、いったい何者だろう」[*13]と主イエスを批判する人たちは言いました。現代では、わたしたち弟子入り希望者はこう尋ねます。「自分が罪を犯したと認めさえしないうちにまず先立って赦してしまうこの人はいったい何者だろう」。

罪を赦してくれなどと頼んでもいない自分の罪を先回りして赦してもらうという体験をした方はありますか（わたしにはあるのです）。自分では赦してもらわなければならないようなことをしたなどとは夢にも思っていなかったのに。

大学の教授会の仲間で雑談をしていたときのことです。わたしは、ほかの大学の神学部教授の書いた本についてかなりの悪口を言いました。そして、そのようなぼんくらの出す本だったら、次の本もたかがしれているだろうと、つけくわえました。

グループの多数が去っていったあとで、学部の同僚がひとり、もの言いたげに残っていました。わたしがウィットをこめて、率直な批判をしたので、何か言ってくれるのかなと思っていましたら、こう言われました。

「先生が今、ずいぶんきびしく言われた人物ですが、わたしが離婚して苦しんでいたときに、ひとり味方になってくれた人なんですよ。援助と慰めを提供してくれた、たったひとりの友人でした。でも、わたしはあなたの気の利かない無神経さを赦そうと思います。あなたは赦されました」

正直に言って、こうして提供された赦しは、わたしにとってあまり気分の良いものではありませんでした。無神経で気の利かない者であることを赦してもらうまで、わたしは自分が無神経で気の利かぬ男だとはまったく知らなかったのです。

まさに、イエスさまの最初の御言葉です。「父よ、お赦しください。彼らは知らないのです」。

ある女性はわたしにこう言いました。「わたしの別れた夫は、離婚前もその後も、わたしの人生が、惨めなものになるように、なるようにと、あらゆる手段を尽くしました。怒りと憤りでずたずたに引き裂かれてわたしは医者に健康を注意されました。眠れもしない。食欲もなくなりました。あらゆる治療をやってみました。いま、できることは、彼を赦して忘れてしまうことだけです。わたしも彼と縁を切りますから、彼もわたしと一切の縁を切ってくれるようにと、神に祈っています」。

女性の立場から見れば適切な戦略だと思いました。よく言われることですが、背中から悪人を追い払うためにはいったんはその悪人を引き離して、一息ついて休んだのちに、新しく出発するために赦しを与えることも必要でしょう。

しかし、ここでイエスさまが赦しをお与えになるのは、わたしたち殺人者から逃げ出すためではなく、正反対に、わたしたちに近寄ってきて、わたしたちを救ってくださるためです。イエスさまは赦しを祈られます。それは、この女性のように、より充実した人生を構築するための戦略として行われるのではありません。神がご自分の性格として、人をお赦しになることを、神の子であるイエスさまはよくご存じだからです。

イエスさまはまずお赦しになります。十字架上で、ご自分のために何かを祈られる前に。わたしたちのために第一に祈ってくださるのです。

「父よ、彼らをお赦しください」と。

わたしたちの文化の特徴は、まず被害者を明確に特定しようとすることです。大きな悲劇が起きると、わたしたちはすぐに犠牲者に焦点を絞ります。被害者に密着せよ。非難の声を集めろ。被害者側の物語を聞いてきて、加害者にぶつけるがいい。あまりに早く赦しを口にするのは、被害者への暴力を倍加することになるだろう。加害者をあわてて解放してはならない。

けれども、イエスさまは、祈りの第一声で、加害者であるわたしたちに注意を向けられました。「父よ、お赦しください」。

あるとき、カトリックの聖職者たちによる性虐待の被害者たちが集まって、その地域の司教と話し合いをしたことがあります。数時間にわたって、すすり泣きや叫び声が、その同情的な司教に向けられ、謝罪や被害の補償の話も出されました。しかし、状況を見て司教が、あえて、被害者の側からの赦しを求めると口にしたとたんに、大きな叫び声が上がり、この司教はその場から追い出されてしまいました。

明らかに不正が行われ、悪事がなされた場合には、まずは弁護士に登場してもらって償いをきちんとしなければなりません。それから第二に、いや、まだ早すぎるかもしれません、賠償や補償が終わってから、第四か第五くらいにでしょうか、放免の可能性を検討することができるのです。

別の言い方をすれば、「罪を犯した者は、まずは、自分のしたことがどんなに悪かったか、どんなにひどく悪かったか、はっきり知らされるべきです」。犯した罪は明らかな罪として特定され、断罪され、自覚されるべきなのです。

それなのに、十字架上でイエスさまは、赦しを与えられますが、その理由は、まさに、わたしたちが、自分の罪を罪として知らない、いからなのです。「父よ、彼らをお赦しください。自分が何をしているのか知らないのです」。

イエスさまの祈ってくださる赦し

イエスさまの赦しは、普通の赦しではありません。「先行する赦し」です。

ある日、イエスさまはイチジクの木の所有者である農民についての、不思議な譬え話をお語りになりました（ルカ13・6―9）。

この農家の御主人は、イチジクの実がなっているのを期待して畑にやってきました。じつは、三年の間、実のなるのを待っていたのです。イチジクの実は毎年なるはずでしたが、まったく実ってくれませんでした。

「切り倒せ！」と、この御主人は言いました。

使用人が答えて、懇願します。「御主人様、今年もこのままにしておいてください。木の周りを掘って、肥やしをやってみます。来年はどうなるかみてください」。

「このままにしておいてください」のギリシャ語はアフェーテスで、「赦してください」と訳されることもある単語です。

「切り倒せ」というのが、こんなに悪い木の当然の定めかもしれません。しかし、このお話は「御主人様、赦してください」で終わるのです。

このイエスさまの短い譬え話において、首まで肥やしに浸かった状況のもとで、わたしたちは、「赦してください」の御言葉を聞きます。それは、三位一体の神の中心で交わされている会話であり、その赦しの御言葉で、この物語は終わります。その同じ会話で、わたしたちの十字架の物語が始まるように。ですから、まだ時間はあります。無限に赦しを与えてくださり、我慢してまだ待ってくださる御主人のゆえに。

預言者イザヤは、次のような日の来ることを預言しました。

水が海を覆っているように
大地は主を知る知識で満たされる。（イザヤ書11・9）

そんな主なる神を知る知識で満たされる日は、まだ来ていません。この金曜日、主イエスが十字架にかけられて、血と苦い胆汁を流し始められるとき、わたしたち人間は、自分の冷酷さと愚かさの底知れぬ大きさを思い知らされるのです。そしてこの日、主イエスが十字架上の御言葉の最初の一言を発せら

ルカ23：32―38

れるとき、わたしたちは同時に、神の子の愛と恵みの限りない大きさを思い知らされます。

まだ時間は残されています。「父よ、彼らをお赦しください。自分が何をしているのか知らないのです」。

＊1　創世記第3章5節
＊2　「住まい」を専門とする国際ＮＧＯ。家を建てることで人々の希望を築きあげる国際支援団体。一九七三年にアメリカのジョージア州で発足した。
＊3　二〇〇五年八月末にアメリカ合衆国南東部を襲った大型ハリケーンの名前。死者一八〇〇名以上、被害総額一〇〇〇億ドルにも上る甚大な被害を与えた。
＊4　マタイによる福音書第5章44節
＊5　マタイによる福音書第26章39節など。著者による敷衍訳
＊6　エレミヤ書第7章15節、第14章12節、第15章6節など
＊7　エレミヤ書第31章20節など
＊8　ヨハネによる福音書第10章30節
＊9　ヨハネによる福音書第14章6節
＊10　一九三三―二〇一一年。アメリカ合衆国ノースカロライナ州生まれの詩人、小説家、戯曲家、随筆

家。デューク大学の卒業生で、デューク大学教授。ミルトンの研究家でもあり、英文学とは別に終生、聖書批評学に興味を持ち続けた。

＊11　マタイによる福音書第9章2節、ルカによる福音書第7章48節など

＊12　マタイによる福音書第6章9—13節、ルカによる福音書第11章2—4節

＊13　ルカによる福音書第5章21節、ルカによる福音書第7章49節など

第2の言葉

祈りによる問題提起

世界の正義のために戦う

主よ、あなたはわたしたち人間をよくご存じです。わたしたちはみな正義の大好きな人間です。あなたは人間の心に、正と邪、善と悪を見分ける生まれつきの洞察力を組みこんでくださいました。さらに、わたしたちの力ある手に、正義を行い、善をなす技法を備えつけてくださいました。

わたしたちに世界のどこかの不正をお知らせください。ことにテレビで中継されるような事件なら、わたしたちは喜んでその場に駆けつけ、彼らの過ちを正して、忘れることのできないほどの教訓を与えてやります。あなたがわたしたちに豊かな賜物を与えてくださったので、それを用いて、世の中をより良い場所にすることができるのです。少なくとも、あなたがわたしたちのためにと創ってくださった世の中よりも、良い世の中にすることができるでしょう。わたしたちに特段の悪気はないのです。

神さまは正しいお方ですから、正義を愛する者たちを求めておられると思います。そのわたしたちは、歴史を通して貴重な教訓を学びました。弱腰の国家は攻撃を招きます。辛抱強い外交政策は、独裁者をのさばらせてしまいます。今日、食糧援助をすれば、明日は彼らと戦うことになります。イラクのバクダードを空爆しておくほうが、いつの日かバーミングハムの門を叩く大勢の人を迎えるよりもましです。

強い者は弱い者の世話をしなければなりません。能力のある者はおとなしい者を保護しなければなりません。いつまでも、戦争をし続けるつもりはありませんが、それでも、正義のために必要なら、戦争はしなければなりません。戦争は、恐ろしく費用がかかる欠点はあっても、物事を正しく収拾するための第一の方法なのですから。

あなたの代わりに立つことも

それゆえ、全能の神よ、もしもあなたがお立ちにならず、神として行動をなさらないのなら、わたしたちが軍隊を組織して、あなたの代わりに立つしかありません。そうすればきっと、思い知らせてやることができるでしょう。

というわけで、彼らが攻撃してくれれば、わたしたちも反撃します。バクダードを爆撃せよ。彼らに教えてやりましょう。悪には悪というのが、彼らの考え方のすべてです。わたしたちは彼らに、民主主義の喜びを教えましょう。人の命の大切さを、自由市場の価値を。それを教えるには、彼らの砂漠の砂粒を、一粒一粒殲滅していかねばならぬとしても、あえてやりとげます。それでこそ、真の教訓を与えることになるのです。

さあ、ここです。わたしたちが最悪の仕事を果たしてあなたを十字架につけたとき、血で染まった十字架から、釘づけにしたわたしたちをみおろして、あなたは語られるのです。最後の息を引き取りながら、あなたはご自分の正義を遂行なさいました。こう発言されたのです。「父よ、彼らをお赦しください。いまこそ彼らにほんとうの教訓を与えます」。

その教訓のきびしいこと、まるで十字架の釘のようです。アーメン。

はっきり言っておくが、あなたは今日わたしと一緒に楽園にいる

ルカによる福音書第23章39―43節

今日、イエスと一緒に楽園にいる

天国へのトレーニング期間

そのご婦人は、かなりお年を召して、命の終わりに近づいておられました。八十代の半ばを過ぎて、いまや体力はおとろえ、心臓に機能障害を起こし、息を引き取るのも間近のようでした。

「今、何を考えていますか。こわくないですか。後悔するようなことがらはありますか。今、どんなお気持ちですか」

わたしが訊いてみると、こんな答えが返ってきました。

「いいえ、こわくはありません」

「そうでしょうね。あなたは十分長生きをされたし、立派なご生涯を送ってこられましたからね。きっとそのことが、大きな慰めとなっているのでしょうね」

「それも少しはありますけれどね、でも、もっと大切な慰めは、もうすぐイエスさまと一緒になれることなんですよ」

死のまぎわの人にとって、これが大いなる慰めでした。イエスさまと一緒になれること。もちろん、それが大きな慰めとなるのは、心の奥深いところで、すでにイエスさまとともにおられるからです。ものごころついたときから毎日毎日、生涯を通して、イエスさまと一緒に生きてこられたのです。主イエスとともにいることは、この人にとって、単なる未来への希望ではなく、現在の事実であったのです。

このご婦人が、いつの日か、そう遠くない日に、現在は望み得ないほどの完全さをもってイエスとともにいることを希望しておられたことは、そのとおりです。しかし今すでに手にしているものがあるからこそ、未来に期待することができたのです。

地上の生涯をこのような確信をもって終えることができるのは、主イエスと一緒になるために、何もしないで待っているだけではなかったからです。全生涯が天国へのトレーニング期間でした。この意味で、イエスさまとともにある生活は、死を待たずに始まっていたのです。この人はすでに、主イエスとともに楽園にいました。

いつの日か、ある日、人は主イエスと一緒にいるようになる。これはイースターを信じる信仰のなかにある大いなる希望です。ある日、神の王国が完全に輝きわたり、わたしたち、いまは青銅製の鏡におぼろげに映った像を見ている者たちも、まったく完全に見ることができるようになります。その日、すべてのものに焦点が合い、わたしたちはすべてをくっきりと見つめます。[*1] 今日の約束が、明日にはすべて実現するのです。

未来の希望と現在の困難

そのことは、未来というものの持つ美点のひとつです。将来への希望が、わたしたちを後押ししてくれ、今日を乗り越えて明日へと進ませてくれます。いまの時代がどんなに暗くとも、明るい未来を期待できるならば、いまある困難のなかを突き進んでいくことができます。今日は悪いことばかりであっても、明日には、あるいは、いつか来るその日には、すべてがうまくいくでしょう。永遠の人生はその翌日から始まることでしょう。

マルキシズムの考え方も、これと同じです。そう思いませんか。マルクス主義を信奉する解放運動家たちは、いつもこう言っていました。いつの日にか、階級なき社会という偉大な約束が実現する。マルキシズムは必ず、本物の社会主義国家として現れる。だが、その日は今日ではない。ソビエト連邦で？

とんでもない。マルキシズムの意味するものは、このみじめな失敗国家よりもはるかに偉大です。キューバで？　いやいや、カストロ議長は、国の運営をやりそこないました。では、中国では？　いや、連中は、マルキシズムの理想をねじ曲げて全体主義国家に変質させました。

というわけで、労働者の天国は、今日に至るまで実現されていないのです。

これは逆に言うと、「明日」を「理想」と考えるときに、それが普通どういう働きをするかを示しているのです。つまり、明日をまったくの未来のこと、まだ実現していない理想としておくならば、今日、現在においては、それを生きる必要がありません。

空に浮かんだパイ〔日本では「絵に描いた餅」〕をいつかは食べようと言い続けていれば、夢をいまここで実現する必要はなく、現実化するための責任をいまここで負う必要はありません。

実際イエスさまが、わたしたち一般の人間に向かって、「わたしに従ってきなさい」とおっしゃったとき、わたしたちは、それが十字架への道を指しているとは考えてもいませんでした。主イエスが「神の国はあなたがたの間にある」（ルカ17・21）と言われたときも、わたしたちは、純粋に未来形で話しておられるとばかり考えていました。

テロリストと話す主イエス

十字架につけられたイエスさまは、まず父なる神にお祈りになりました。「父よ、彼らをお赦しください。自分が何をしているのか知らないのです」。その次に、イエスさまは今や、犯罪人のひとりに声をおかけになります。主イエスは、わたしたち普通の人間を通りこして、この盗賊に顔を向けられます。

主イエスは今まで、弟子たちにはいつも指示を与え続けてこられました。父なる神に対しては、絶え間なく祈り続けておられました。その主イエスが、今、悪人と会話を交わしておられます——ざっくばらんな、現在形で。

神の子イエスは、今まで大っぴらに「罪人たち」と一緒に飲み食いして、わたしたち「正義の人」といろいろ悶着を起こしてきました。そのイエスさまが、今や「罪人たち」に語りかけ、一緒に死のうとしています。十字架にかかり、痛みに耐えているとき、イエスさまの傍らにいるのは、この盗賊のみでした。いや、「盗賊」というよりもおそらく「問題を起こす人」とか「民衆扇動者」と言ったほうがいいかもしれません。もしかすると、「反逆者」、もっと正確に言えば「テロリスト」かもしれません。

この犯罪者は、イエスにこう言います。「イエスよ、あなたの御国においでになるときには、わたしを思い出してください[*2]」。

明らかに、この日のことでなく、明日のことを考えての発言です。なぜなら、今日、十字架の上で、イエスさまとともに、大声でわめく群衆を前にして、人間のつくりだした最悪の刑罰を体験し、世の嘲りを受けている身としては、イエスさまの約束してくださる「御国」は、どうしても、ある程度遠く離れた未来にあると思わざるを得ないでしょう。

主イエスのお答えは驚くべきものでした。「はっきり言っておくが、あなたは今日わたしと一緒に楽園にいる」（ルカ23・43）。今日と言われました。未来のこととして意識されていたものが、イエスさまの御言葉によって、現在のことになったのです。

イエスさまがこうおっしゃったとしてもおかしくはありませんでした。「いつの日か、わたしが去ったのちに、神さまがついにすべてを集め直し、物事を整えられ、この恐るべき不正義が正される日が来る。その日には、あなたはわたしとともに、わたしの約束する国に迎え入れられるであろう。その日を、明日を、待つがいい」。

しかし、イエスさまの御言葉はこうでした。「あなたは今日わたしと一緒に楽園にいる」。この約束が、このような人を相手に、このような十字架の苦しみのただなかで行われたのです。今日、楽園にいる！

あるいは、こんなことを言う人もあるかもしれません。「あなたは今日わたしと一緒に楽園にいる」とおっしゃったのは、イエスと盗賊が死を目前にしている事実を述べただけだろう。その夕方には二人は必ず死後の世界の楽園にいるはずで、死んだあとの二人に、どんな生活が待っているにしても、二人は確実に死後の世界へと向かっている。十字架にかかっている現状から見れば、その先に楽園が待っているとは、とうてい思えないにしても。ただし、この解釈は、イエスさまが語っておられることの衝撃を十分に伝えているとは思えません。

わたしの信じるところは、こうです。もしかして、イエスさまがガリラヤの日当たりのいい道を歩いてきていたとしても、つまり、夕闇の迫るのを目前にここで十字架にかかっておられるのではなかったとしても、イエスさまもこの盗賊もこの先まだ長く生きられるのだったとしても、それでも、二人の会話は、このとおりに行われたであろうと、わたしは信じるのです。

なぜならイエスが「楽園」の話をするときには、いつか二人が行く「場所」のことだけでなく、二人が今日、入っていった新しい「関係」のことを言っているからです。

新しい関係としての楽園

主イエスというお方は、なんと奇妙なことをなさるのでしょう。「楽園」という雄大な構想を、ご自身の十字架上の恐怖と結びつけられたのですから。

「楽園」という言葉の定義は、今さらながらですが、こうなります。「楽園」とは、いつ、どこであろうと、イエスと一緒にいることである。つまり、場所でなく、関係なのです。この関係は、キリスト者がひとたび、この現世の葛藤と限界を通り越したならば、もっと深く、豊かで、完璧なものになるでしょう。それはキリスト者なら皆さんが承知していることです。

しかし、だからと言って、この関係が、いま、ここから始まってはならないという意味にはなりません。キリスト信仰の毎日の実践は、天国を目指しての毎日の準備なのです。いや、それどころか、実を言えば、十字架の上のイエスさまと盗賊のこの物語を根拠にして、キリスト者の信仰とは、いま、今日、楽園に参加することであると、言うことができるのです。永遠で、完全な関係が、ここから始まります。いまはまだ、十全ではないにしても。

この盗賊が、イエスとともに楽園にいるようになったのは、息を引き取ってからのことではありません。この犯罪人の「楽園」が始まったのは、隣の十字架にかかって、苦悶のただなかにあり、恐ろしい屈辱に耐えているこの方が、まさしく自分の主であり、生命の支配者であり、神の王国の王者であると知ったときからです。

いや、この盗賊は、イエスがこういう方であるとまだ知ってはいなかったかもしれません。イエスが主であり、王であり、メシアとしての権威を持っておられることはわかっていなかったでしょう（なぜなら、以前に申しあげたとおり、まともな知恵、自分でしていることの十分な知識は、わたしたちには期待すべくもないからです。イエスさまの祈られたとおり、わたしたちは「自分が何をしているのか知らないのです」から）。

この人の発言は、ただ一言「イエスよ、あなたの御国においでになるときには、わたしを思い出してください」でした。それだけでよかったのです。

わたしたちが「永遠のいのち」（eternal life）という言葉を使うとき、それは「神」と同義語になります。神は何かひとつの「実在」ではありません。神はそのまま、「ある」のです。神は純粋な「実在」です。完全な「いのち」です。

わたしたちが「死」(death)という言葉を使うとき、それは「何も起こらず、何もありはしない」と同義語になり、それはすなわち、「神」の反意語になります。それゆえ、わたしたちが「神」という言葉を使うとき、「いのち」、「永遠のいのち」を意味します。これは、神がいのちであるゆえに、いまもこれから先もずっと何かがあり続けることを意味しています。

永遠のいのちを持っておられるのは、神だけです。わたしたちやこの世のものは、何ひとつ永遠ではありません。わたしたちの間では、生きるものはすべて死にます。物語は必ず終わります。それゆえに、わたしたちが永遠のいのちを得ようとするならば、神のいのちに便乗させてもらうしか方法はありません。

神のいのちに参加すること、それが永遠のいのちを得ることです。神によって神の実在に招き入れられること、神の物語に包摂されることです。そして、こういうことができるのは、神のみです。神がそれをなさるならば、そのとき、それは永遠のいのちになります、いま、ここで。

いま、ここで

十字架の上でのイエスさまと盗賊とのこの短い対話は、わたしたちにたいせつな約束を示してくれます。すなわち、たとえこの世における最悪の状況にあったとしても、いま、ここで、イエスとともにいることができるということです。わたしたちの人生に、十字架にかけられて苦しむという状況よりもさらにひどい状況があり得るでしょうか。

わたしたちの神さまは、高い所に座し、この世の闘争と苦痛から離れて空中に浮かんでいるような種類の神ではありません。神はこの世における人生の混乱に紛れ込んで、ついにはわたしたち犯罪人とともに十字架にかかるところまで来られるのです。楽園においてか、どこか別のところにおいてか、わたしたちが神とともにいたいと望むのであれば、十字架上においても、神とともにいることを期待できます。

この神とともにいると、世界はどんどん暗くなります。真っ暗になって、わたしたちが目を開いてみるならば、神はその場に、わたしたちの隣におられます。この神とともにいると、事態は悪から最悪へ、最悪から恐るべき事態へと進展します。そしてそのとき、その場所で、わたしたちの隣で、神はわたしたちと一緒に、十字架におかかりになっているのです。

イエスさまと「ともにいる」未来を考えるとき、わたしたちは、何か曖昧模糊とした、霊妙なる未来の像をあれこれと思い浮かべる必要はありません。その未来は、すべて、いま、この場で、始めることができるのです。恵み深い神が与えてくださるのですから。

「今日、あなたはわたしとともに楽園にいる」のは、遠く離れた未来に起きるかもしれないことの約束ではありません。キリストがわたしたちのために、ここでいま、何をしてくださるかの約束なのです。ですからわたしたちは、「死後のいのち」を語るべきではなく、「永遠のいのち」を語るべきなのです。

「永遠のいのち」とは、生きておられる神と、いま、ここで、ともにいるいのちです。

あの盗賊は、自分の命の最後の瞬間に、イエスがその本当の姿をお見せになったその瞬間に、楽園を体験しました。輝きました。この暗黒のただなかで、死を迎えようとしている盗賊は、イエスと同じ苦しみを体験しつつ、輝きました。その光は、キリストの永遠なる光を反映して、いっそう輝きを増したのです。

あなたも輝きます。あなたがイエスの弟子として何らかの十字架を体験するとき、イエスとともに苦痛と屈辱を感じるとき、その暗い瞬間に注意を払いましょう。そこでその時、イエスさまはあなたに言われるのです。あの盗賊に言われたのと同じように。「今日、あなたはわたしと一緒に楽園にいる」。いつの日かの楽園ではありません。いまの楽園です。

トルストイの回心

ロシアの文豪トルストイ〔一八二八－一九一〇年〕が自分の回心の体験を話すとき、この十字架にかけられた盗賊をひきあいに出して語っています。[原注1]

五年前にわたしは、キリストの教えを信じるようになり、そのときから、わたしの人生は突然変わりました。それまでの欲望を持たなくなり、それまで望んでいなかった新しい望みを抱くようになりました。以前に良いと思っていた事柄が悪になり、それまで悪いと思っていたことが良いと思えるようになりました。わたしに起こったことは、ある用事のために出かけた人が、突然その用事が必要でなくなり、家に帰ろうと逆方向に歩きはじめるようなことでした。すべて右側にあったものが左側になり、左側のものがすべて右側になりました。家からできるだけ遠くに行こうと願っていたのが、今度は家にできるだけ近づこうと歩きはじめることになりました。わたしの人生の、望みの方向が変わり、善と悪が逆転しました。……

あの十字架上の盗賊と同じように、わたしはキリストの教えを信じて救われました。これは、こじつけではなく、わたしの霊的状況そのものの表現なのです。すなわち、生と死の問題について恐れと絶望を抱いていた、以前のわたしと、平安と幸福に満たされた今のわたしの霊的状況とを、まさにそのまま、表しているのです。

わたしは、あの盗賊と同様に、自分が不幸と苦しみの身であると考えていました。……十字架上の盗賊と同じく、苦しみと邪悪の人生へと釘づけにされていました。そしてあの盗賊が、無意味な苦しみと邪悪の人生を続けてきた末に、ただ暗黒の死を待っていたように、わたしも同様の運命を待っているだけでした。

これらの点すべてにおいて、わたしは、盗賊の男と同じでした。ただ一つの違いは、この男はすでに死にかけているのに、わたしはまだ生きているということでした。この盗賊は、墓場に行ってから、その先で救われると信じることができたかもしれません。しかし、わたしにはそれを信じることができませんでした。死後の世界とは別にしても、わたしにはまだ生きなければならない人生が待っていたのです。わたしはこの人生を理解できませんでした。恐ろしい人生に見えていました。そして突然、わたしはキリストの言葉を聴いて、その言葉を理解しました。すると、生と死が、邪悪なものに見えることをやめました。今までの絶望に代わって、死によって混乱させられることのない、幸せと喜びの人生が体験できるようになりました。

イエスさまはお一人だった

イエスさまの二番目のお言葉「あなたは今日わたしと一緒に楽園にいる」は、この盗賊にではなく、弟子たちに対して、慰めと説明の言葉として与えられたほうが、適切だったのではないでしょうか。この言葉を受けとるのにふさわしいのは、主イエスを愛してそのあとに従い、この最後の場面までついてきた弟子たちだったはずではないでしょうか。主イエスをキリストと信じ、油注がれた者、聖なる神の人と信じてきた者にとって、そのイエスさまが鞭打たれ、十字架で苦しみ、血を流しているのを見るのは大きなショックです。イエスさまに期待をかけていた信仰は誤った根拠に基づいていたのでしょうか。「ほら、あの救い主が救いを求めている」と言って、イエスさまをからかい、嘲笑した兵士たちや群衆たちの方が正しかったのでしょうか。

もちろん、このような問いは、わたしたち弟子が発する典型的なものです。イエスさまが伝道の手を長く伸ばし、その視野が弟子たちの範囲を超えるとき、つまり、内輪の仲間を超え、教会を超え、わたしたちをはるかに超えていくときには、弟子たちはいつも困惑します。

しかし、いまは、ほんとうに起きたことがらを見つめましょう。イエスさまが声をかけることのできるほど近くには、弟子たちはだれもいなかったのです。弟子であるわたしたちは、カルバリの丘の上で、イエスさまを孤立したままにしておいたのです。衆目にさらされ、拷問の辱めの中で裸にされ、屈辱を受け、罵倒されていたとき、イエスさまが話を交わすことのできる相手は、もっとも近くにいる人だけでした。

いままでの主イエスの伝道の業、説教、あらゆる行動は、最終的に、この最低最悪の人々、典型的な犯罪者二人のまん中に、自分を追いこむことになりました。乱暴に扱われ、鞭打ちが始まったときには、家族も、友人も、弟子たちも、周囲にいなくなりました。

イエスさまはお一人だったのです。

本当に慰めが必要になったときには、周りにだれもいませんでした。「岩」というあだ名のペトロはどこかに消えていました。十字架上の盗賊――この犯罪者の他には、声をかける者がありません。このテロリスト以外に、話す相手はいなかったのです。

罪人の仲間としての教会

前の晩、最後の晩餐の席上で、わたしたちは皆言いました。「主よ、わたしたちは必ずあなたのおそばにいます」と。しかしそれは家族的な親しい集まりの平穏な席上でのことでした。ここ、戸外の丘では、群衆が騒ぎ立ち、ローマの兵士がついに死刑を執行しようとしています。そのとき、弟子たちは何も言いません。そしてイエスさまは一人で十字架にかかっておられます。そばにいるのは、あの盗賊だけでした。

以前にはわたしたちは、主イエスを名指しして批判しました。「あの男は罪人たちを受け入れて一緒に食事をしている」[*3]。そしていま、わたしたちはつぶやくのです。「あの救い主は、罪人たちを受け入れて、一緒に死んでいく」。

主イエスは、こう言われましたよね。「二人または三人がわたしの名によって集まるところには、わたしもその中にいるのである」[*4]。この言葉をわたしは、イエスさまが祈りの集会や礼拝のことをおっしゃっているのだと思っていました。日曜の朝、礼拝に集まる人がたったの二、三人だとしても、イエスさまは、その場にいてくださる。イエスさまが、このカルバリの丘の十字架の上での、死を目前にした仲間の盗賊たちのことを考えていらっしゃったなどとは、思いも及ばぬことでした。

しかし、十字架上の第二の言葉はこういう意味で発言されたのです。今日、この日、「二人または三人の、何の役にも立たない罪人たちが、まるで十字架につけられた盗賊のように、何もできずに、集まっている、そのところに、まさに、わたしはそのなかにいる！」

神学者カール・バルトが、これこそ最初の教会だと言いました。教会とは、楽園と同じで、いつ、どこであろうと、イエスさまが二人または三人と一緒にいてくださるという、その場所です。ご覧なさい。いま、イエスさまはどこにおられますか。十字架上です。いま、一緒にいるのはだれですか。二人の犯罪者です。二人または三人がイエスさまと一緒に集まっているところ、ここに教会があります。本来の姿の教会があります。

罪人たちと一緒に食べたり飲んだりしている主イエスの大胆さをあげつらってののしってみても、どんな効果もありませんでした。イエスが「人の子は、失われたものを捜して救うために来たのである」[*5]とお答えになったからです。

ここでわたしたちが考えもしないことは、罪人のなかの最大の罪人は、自分の罪を認めない人々であることです。また、失われた人々のなかで最悪の人は、自分が実際どんなに失われているかに気づいていない人です。

今、罪人たちと一緒に食事をなさるお方が、罪人たちと一緒に死なれます。その罪人たちの何人かは、人間性に反する罪を犯した人たちであり、残りの何人かは、例えば教会のなかにいるわたしたちのように、罪人を愛するお一人の神に対して罪を犯す者たちです。

「肉となられた言」が、わたしたち人間の間に生まれ、病人を癒し、教え、宣べ伝え、奇跡を行い、裏切られ、苦難を受け、死なれます。そうして、天国の玄関広間に歩み入られます。そのとき、この方が一緒に連れて行かれるのは、一人の惨めな悔い改めた盗賊です。この盗賊ただ一人が、この方の生涯の働きの成果なのです。そして、その成果をこの方は「楽園」と呼ばれるのです。

わたしの知り合いの説教者は、マタイによる福音書を用いて、連続説教をしていました。「山上の説教」の箇所にきたとき、ある日の説教をこの質問を投げかけることから始めました。

「皆さんのなかで、人工妊娠中絶をした人はいませんか。そのご経験のある方は手を挙げてください」

だれも手を挙げませんでした。

「では、質問を別の言い方にしてみましょう」

と説教者は言います。

「あなたがたのなかで、人工妊娠中絶をしたか、または、他の人のことを怒って、その相手が死んでくれたらいいと思ったことのある人はいませんか。イエスさまは、この両者を、同じように裁かれます。そして、どちらの罪をも、同じように赦されます」

何本かの手が挙がりましたが、皆、何か困惑している様子でした。イエスさまが、少なくともマタイの第5章においては、世間の悪い人々のすることも、教会のなかでわたしたちがすることも、区別することなく同様に扱われると言っているように、思えたからでした。

この神さまは、悪い人々の仲間にもなりましたし、友だちを求めて低俗とされている場所にも出入りされました。ついには、地獄にまで下りて来られて、その場所を「楽園」と呼ばれました。面倒くさがらずに、どんな人にでも話しかけられたこの「救い主」の最後の会話は、盗賊とのものでした。

この話のなかの良い知らせ。イエス・キリストは今日、楽園のなかに、悪人たちの居場所を約束しておられます。

アラバマの小さな教会堂

ある小さな教会の入り口にある、ひびの入ったコンクリート製の階段に、その教会の女性の牧師先生と一緒に立っていたことがあります。その教会を見上げると、コンクリート・ブロックを積み上げた建物は、はがれかけたペンキと朽ちかけた壁板に囲まれて、みすぼらしい外観をさらしていました。この教会に、もう少し好調な時代があったのだろうかと、だれでも疑うなと、わたしは思いました。たとえ粗雑にペンキで塗られた白壁の塗料がはがれる前の時期であっても、そういう好調な時代を経験したような教会建築には見えなかったからです。

ですから、この先生が「わたしはこの教会堂が大好きです。簡素でも単純な美しさがあり、そのままでわたしたちの教会なのです」とおっしゃったのを聴いたときは、正直に言って、息がとまるほどびっくりしました。

「ええと、そのままで皆さんの教会とは、どういうことですか」と、わたしは聞き返しました。一つの建物の見方でも、人によってずいぶんの違いがあるものだと感じたからです。

「この教会は、わたしたちにとっては、天国の小さな一部分なんですよ。なぜなら、いろいろな機会に、わたしたちは、ここで、神さまにお会いしてきたからです。毎年、毎年、わたしたちの愛するだれかが亡くなったときや、赤ちゃんが生まれたときや、人生の曲がり角で右に行くか左に行くか迷ったときなどに、いつもこの教会に来ました。そして神さまがわたしたちに会ってくださったのです。このカウンティ（郡）のこの地域の多くの人々が、見て感じとったことによって、天国にさらに近づき、主ともっと親しくなったのです、この小さな教会でね」

わたしの見て感じたことと、牧師先生の感想の違いは、注目に値すると思いませんか。わたしは、ひどく古ぼけた、ペンキのはがれた、荒れ果てた、古い建物と見てとったのに、この先生は、「天国の小さな一部分」と感じておられたのです。

この違いの根底に何があると思いますか。主要な原因は、わたしがその教会で、神に出会った体験がないのに、先生にはあったということです。ここからすべての違いが現れてきます。ただの建物か、キリストの体であるのか。美的にはまったく感心できないコンクリート・ブロックの建物であるのか、それとも実に、天国への門であるのか……。

もしアラバマ州のこの地域にお住まいのお方があれば、あなたご自身でこの教会を探してみたいとお思いになりませんか。道の曲がり角で「楽園の谷」への道を尋ねてみてください。

原注1　レフ・トルストイ「わが信仰はいずれにありや」〔『トルスト全集第15巻』河出書房新社、一九七四年、六ページ参照〕

＊1　コリントの信徒への手紙一第13章12節

＊2　ルカによる福音書第23章42節

＊3　マタイによる福音書第9章11節、マルコによる福音書第2章16節など。著者による敷衍訳

＊4　マタイによる福音書第18章20節

＊5　ルカによる福音書第19章10節

第3の言葉

祈りによる問題提起

あなたの伸ばす腕

実を言いますと、主なるイエスさま、弟子のわたしたちは、兵士たちがあなたを十字架の横木に釘づけにし、ゴルゴタの丘の上で高く引き上げたときに、その十字架の近くにはおりませんでした。申しわけもありませんが、身の安全を図って、十分に離れた場所に立って見ていたのです。しかしそこからでも、あなたの両の御手が、左右に限度まで伸ばされるのがわかりました。あなたが両腕をそれほどまでに広げておられるのを見て、わたしたちは不安な気持ちに襲われました。

主イエスよ、あなたは、十字架におかかりになる前から、いつも両手を広げておられました。いま十字架上のあなたが、不自然なまでに両手を伸ばしておられるのを見て、あなたが伝道なさっていたころ、あなたが両手を広げるたびに厄介ごとを引き寄せられたことを思い起こします。あなたの人集めはわたしたち弟子にとっては、いつも苦痛の種でした。

まず初めが、なんの変哲もない、薄汚れた漁師たちでした。あなたはこの漁師たちに、家族を捨てて「ついて来るように」と言われました。次は、なんとローマ帝国のために税金を集める下級役人（徴税人たち）でした。続いて娼婦たち、重い皮膚病にかかっている病人たち、目が見えずよろめき歩く人たち、足が不自由な這い歩く人たち、無慈悲なローマの兵士たち、出血の止まらない病気の女性たち、ユダヤ教会堂の支配人、あげくのはてには、亡くなったばかりの死体まで……。こういう人たちが残らずあなたの手に触れ、あなたの伸ばす腕に捕らえられました。

救い主と呼ばれる人物がここまで見境なく手を広げると、当然、非難を浴びることになります。限界を知らない、あらゆる障壁を打ち壊すような、あなたの伝道が、その当然の報いをもたらします。あの金曜日にあなたの受けた報いが、高くついたのも、理の当然だったのです。

あなたは手を広げすぎたのです。その広がりは何と大きいことでしょう。今も、万人の見るとおりです。あなたの手を貫いた釘は、あなたをお引き留めすることができません。あなたは身をかがめ、前に乗り出し、おおいかぶさり、手摑みになさいます。探りの手を、地獄にまで伸ばされます。そのご決意は、わたしたち罪人をすべて呼び集め、招き入れてくださいます。生死を問わず、罪の大小を問題にせず、すべてあなたの御手のうちへ、抱き寄せる御胸のうちへと。

すべての人をお迎えになるイエスさま

わたしたちは、主の御手によって捕らえられた者、抱きとられた者として、あなたの十字架の下に集められています。主の御手の広がりは限界を知りません。

ですから、わたしたちは、この日、この金曜日、まだ主の御手が届いていないと思いこんでいる人々に、警告の呼びかけを発します。よくよく、注意していなさいよと。まだ自分は呼ばれていないと思っている人たちよ、ヒトラーよ、スターリンよ、今日バスの席で隣に座ったご婦人よ、昨日交差点でわたしの車の行く手をさえぎって笑いながら通って行ったドライバーよ。いつもわたしに悪事を働くので、憎らしくて、消え去ってくれればいいと思うほどのあの人物よ。イスラエルの子どもたちをまきぞえに殺そうとして、プラスチック爆弾を背負って発火装置のひもに手をかけたパレスチナの女性兵士よ。よく注意していてください。

わたしたち罪人の言うことを、どうか信じてください。主イエスの伸ばされる腕に限界はありません。抱きとめるふところは広大です。救おうとする主のご決意は固く、抵抗を許しません。主イエスは必ずあなたをつかまえられます。たとえその試みのさなかで死ななければならないとしても。

アーメン。

婦人よ、御覧なさい。あなたの子です。……見なさい。あなたの母です

ヨハネによる福音書第19章26―27節

家族のしがらみからの解放

イエスさまのご家族

イエスさまにはいつも、家族の問題がつきまとっていました。「家族の値打ち」という考え方は、主イエスには無縁のものでした。実際、赤ん坊のときから、父親がだれかという疑惑が生じており、ご誕生は、多くの人に困惑を巻き起こしました。

十二歳の少年になったときには父親の権威に関わるような問題を引き起こしました。「わたしが自分

の父の家にいるのは当たり前だということを、知らなかったのですか」と、父ヨセフと母マリアに向かって生意気だと思われそうな口をきいたのです。両親はイエスが迷子になったと思って捜しまわっていたのに、子どもは神殿のなかを勝手に歩いて、しまいには学者たちと対抗して神学の議論をしていました。これを、叱りつけようと思ったら、この反問が返ってきたのです（ルカ2・49）。

気の毒な父親のヨセフさんは、親の権威が傷つけられたことに心を乱し、必死になって子どもを捜していた母親も息子に、「なぜこんなことをしてくれたのです」と訊きました。イエスさまのような、生意気なティーンエイジャーの若者に、マリアとヨセフは、どんな対応をすることができたのでしょうか。

それから、成長したイエスさまと母マリアは、ある日、結婚式の披露宴に招かれていました。そして、祝宴のための葡萄酒が不足になったことに気付いた母が、「何とかしてやれないものかねえ」と息子に相談したところ、主イエスはそっけなく、こういってはねつけたのです。

「婦人よ、それがあなたやわたしに、何の関わりがあるのですか」（ヨハネ2・4、敷衍訳）

どう考えても、大好きな母親に言うような、声の調子ではなかったのです。

古い家族の崩壊

さらに、イエスさまの伝道のご生涯が始まってからは、弟子たちを遠慮会釈なく呼び集められました。たとえば、家業の漁にまで口を出し、単刀直入に「わたしについて来なさい」というお言葉を発せられ

ヨハネ19：26―27

ました。これらの漁師たちに、年老いた父親を舟に残したまま、先輩の仲間たちと一緒になって、イエスさまの放浪の生活に加わることを要求したのです（マタイ4・19）。

「わたしが来たのは、父とその息子を、母をその娘と敵対させるためである」（マタイ10・35、敷衍訳）。このお言葉どおりのことが、実際にいろいろな家庭で起こっています。

「父親が亡くなったばかりです。葬式を済ませてから、お仲間に入りたいのですが」と、ある人がイエスさまに言いました。「死者は死者に葬らせればいい」。主イエスは愛に満ちてお答えになりました。「あなたはわたしについて来なさい」（マタイ8・22、敷衍訳）。

アメリカの挿絵画家ノーマン・ロックウェル[*1]は、一度もイエス・キリストの絵を描いたことがありません。その理由は、この一連のイエスさまの会話にあるに違いないようです。

数年前、デューク大学の父母参観の週末に、牧師が行った説教をありありと思い起こします。イエスさまが弟子たちに呼びかけて、父親を舟に残して自分について来るようにとおっしゃった聖書の記事を読んだ後、牧師はそこに集まっていた学生たちと父母たちを見わたして、悲しげにこう言ったのです。「第一世紀の多くの家庭の幸せを、イエスさまは真っ向からぶちこわしにされました」。

またある日、イエスさまが見知らぬ人々の間に入って熱心に福音を宣べ伝えておられたとき、だれかがイエスさまに耳打ちをしました。「先生の母君と兄弟方が、お会いになりたいと、表で待っておられます」。イエスさまのご返事はこうでした。「わたしの母、わたしの兄弟とは、だれのことか」（マルコ

3・32―35)。

イエスさまとご家族の関係は、「ゆかいなブレディ一家」[*2]のようなタイプではなかったようです。

わたしはデューク大学で二〇年ほど大学チャプレンを務めてきましたが、父母の方から抗議あるいは相談の差し迫った電話をいただいたことが、多分十二、三回あります。相談の内容は、「先生、うちの子は大学にまで行ったのに、アルコール依存症になりました」とか、「助けてください、うちの娘は大学で性的に乱れた生活をしています」とかいったものではありませんでした。

わたしが受けた相談は、ほとんどが、「先生、うちの娘は、デューク大学に入ったせいで、宗教的熱中者（ファナティック）になってしまいました」というものでした。「宗教的熱中者」とは、何を意味するかというと、「カトリックの奉仕活動（ミッション）に参加し、二年間、内乱の続くハイチに行くと言ってきかないのです」といった種類のことでした。

親御さんたちの心配もよく理解できます。イエスさまが弟子たちを呼び集められるときには、家庭内に大混乱を引き起こすということを、皆さんはよく知っておられるのです。

新しい家族の形成

この十字架の上においても、イエスさまはまた一つ、家庭の問題に直面されるのです。「婦人よ、御覧なさい。あなたの子です」とおっしゃいました。マリアよ、あなたが今失おうとする子をご覧なさい。

あなたが世の罪のために引き渡す子を。

母の愛とは、他者に渡すために育てた子を愛する愛です。特にマリアの場合、それがまったくそのとおりに当てはまります。イエスさまがお生まれになったとき、年老いたシメオンが預言しました。「あなた自身も剣で心を刺し貫かれます」[*3]と。そんな最初から、神の子の母であるのは、楽な仕事ではなかったのです。そしていま、最後の十字架の上でも、主イエスは、多くの家族を引き裂くのに忙しく、大勢の母の心を痛めさせておられます。

主イエスが、最後まで神の御心に忠実であられ、神の命じられる務め（ミッション）をおろそかにされなかったので、主イエスはその家族にとって大いなる苦痛となられました。「婦人よ、御覧なさい。あなたの子です」。

しかし、主イエスの話されたのは、この言葉だけではありません。十字架上の第三の言葉には、二つの部分があります。ご自分の母親に語られたのち、主イエスは、弟子の一人ヨハネに語りかけられました。「見なさい。あなたの母です」。

ここで主イエスは、単に、「ヨハネよ、わたしの頼みを聴いて、わたしが逝ったのちは母の面倒を見てくれ」とだけおっしゃるのではありません。「母よ、あなたに新しい息子をさしあげよう。息子よ、新しい母を見なさい」とおっしゃるのです。いままで伝統的な家族をいくつも崩壊させてきた主イエスが、十字架上において、新しい家族を形成しようとなさるのです。

わたしたちの大半は、家族のためなら何でも実行します。困難な仕事も英雄的な行動も、いざ実行しようとすると、見ず知らずの他人のためだけであれば、手を出したくなくなります。自分の家族のためとなってこそ、行動に踏み切れるのです。一例を挙げれば、わたしたちは、生まれつき好んで暴力をふるうことはめったにありませんが、「家族に危険が迫っていて、その家族を守るためなら殺人を犯しますか」と質問されたら、たいていは「はい」と即答することでしょう。

逆に言うと、家族や親戚の範囲を超えた人々のために責任を引き受ける者はほとんどいないということです。赤十字の募金にしても、被害者が親戚のように思えるときに、はじめて気前のいい寄付をするものです。そういう人間の心の動きにくらべると、イエスさまは、もっと幅広い務め（ミッション）をなさるのです。

イエスさまのおられた時代と地域においては、社会的な結びつきとして、家族ほどに強力で、決定的なものは他にありませんでした。どんな家族の出身であるかが、あなたの一生を、あなたのアイデンティティを、あなたの将来を完全に決定しました。ですからイエスさまが、しつこいほどに家族というものを攻撃してこられたのは、イエスさまのなさったもっとも対抗文化的、革命的な行動の一つだったのです。

現代のわたしたちの文化においては、「家族の値打ち」という価値観が主流を占めています。そこでは、わたしたちに忠誠を求めるものとして、血縁関係に勝るものは何ひとつありません。だからこそ家

ヨハネ19：26―27

族という制度との対決が、わたしたちの多くにとって、教会が提供してくれる良き贈り物の一つになるのです。つまり、洗礼によって、わたしたちは、家族のしがらみから救出されます。わたしたちの家族は、確かにいいところもあるのですが、あまりにも小さくて、狭量です。しかし、洗礼を受けると、わたしたちはそのなかで十分に人生を楽しむことができる大きな家族の一員となるのです。

キリストの家族になる

知らない者同士の愛の家族

ほかの個所で主イエスはこう言われました。

「あなたがたに新しい掟を与える。互いに愛し合いなさい。わたしがあなたがたを愛したように、あなたがたも互いに愛し合いなさい」（ヨハネ13・34）

よく見てください。このとき主イエスは、最初の教会を創ろうとしておられたのです。ここでは、他人同士を家族と見て生活するようにと命じられました。教会とは、知らない者同士が一つ所に放りこまれて、自然なつながりもなく、共通点もない者の間で、「兄弟」「姉妹」と呼び合うようにと強制される場所です。

ですから、この瞬間から、世間の人々が「家族」という言葉を使うたびごとに、主イエスの仲間たちは「教会」を思い浮かべるようになったのです。

デューク大学である晩、寮生活をする学生の任意団体である「フラタニティー」（兄弟会）と「ソロリティー」（姉妹会）の将来を考えるという座談会を催したときのことです。一人の学生がこう言いました。「ぼくが、フラタニティーを大事に思う一つの理由は、嫌いなやつらと強制的に一つのグループを作らされることです。その中には、人種も文化も自分とまったく違う連中もいますけれど、『兄弟』と呼ばされるわけです。自分と似たような仲間とだけつきあっていたら、とうてい思ってもみなかったような経験をして、ぼくは人間として向上できたと思います」。

わたしは、「フラタニティーが教会の役割を果たしているとは、思いもしなかったよ」と言いました。

あの日、人々がイエスさまの所に来て、「先生の母君と兄弟方が、お会いになりたいと、表で待っておられます」と言ったとき、イエスさまはお答えになりました。「神の御心を行う人こそ、わたしの兄弟なのだ」[*4]。つまり、イエスさまは弟子たちのグループをご自分の新しい家族と名付け、宣言されたのです。これからは、イエスさまに従っていこうとする者はすべて、この「家族」の一員となります。

十字架の上から、その第三の言葉によって、イエスさまは家族の持つ全体主義的な影響力を崩壊させ、わたしたちを解放して、新しい、より大きな家族を与えてくれます。いままでの両親から引き離して、新しい親をくださいます。わたしたちにはもう、「天の父」以外に「父」と呼ぶべき方はありません。イエスさまはわたしたちを狭量な、制約だらけの、窮屈な家族から救い出して、新しい、おおらかな、

ヨハネ19：26―27

もっと普遍的な家族を与えてくださいます。

家族の重荷をのがれて

わたしたちの家族が神の恵みの手段であることは、確かな事実です。しかし何と皮肉なことでしょう。神の祝福であるべき家族というものが、たびたびわたしたちにとっての重荷となるのです。しかしこの事態は、わたしたちの罪について、いつも当てはまる事柄のように思えます。神からの豊かな賜物であるはずのものを、わたしたちは悪用してしまうのです。家族についても同じことです。

牧師としてはっきり言えることは、人生のもっとも悲劇的な出来事は、ほとんどが家族の問題として起きるということです。セラピスト（療法家）であるわたしの友人も言っていました。彼女の職務の大半は、家族から受けた損傷を回復し、乗り越えることに関連していると。

ですから、教会が洗礼においてわたしたちのためにしてくれることの第一は、わたしたちを養子として受け入れることによって、いままで家族に重い負担を負わせ、「家族の値打ち」をあまりにも重要視してきたこの社会の災いから、わたしたちを救い出すことです。洗礼によってわたしたちは、二千年にわたって、生きている者も死んでいる者も何百万という兄弟姉妹を受け入れてきた新しい家族に入れられるのです。教会はわたしたちに、同じ顔をした者同士で、互いに犠牲をささげ、やったり取ったりしているよりも、はるかに重大な仕事をわたしたちの人生に与えてくれるのです。

わたしが大学牧師として最後に務めた卒業式のときのことです。わたしは、学生伝道団体で活動してきた卒業生である女子学生に話しかけました。「君のご両親に一度お目にかかりたいのだが、卒業式にいらっしゃるだろうか」。

ところが、この学生は答えました。「それはあまりお勧めできませんよ。母は先生のことをよく思っていませんからね」。

「わたしのことを？　どうして君のお母さんはわたしに腹を立てていらっしゃるのだろう」

「わたしが貧しい人々のために働こうと決めてから、母はがっくり落ちこんでしまいました。母はイエスさまのために働こうとするわたしよりも、以前のわたしのほうが良かったと思っているのです」

ああ、またもあのイエスさまです。昔からずっと、イエスさまは家族を崩壊させ、母親を立腹させながら、新しい家族を形成するという作戦に力を尽くしてこられましたが、それはいまも起きています。

イエスの十字架から誘発されたこのような家族批判は、良いニュースでしょうか、悪いニュースでしょうか。ある教会で、若者の生き方についての研修会があり、いま言ったような内容の説教をしたことがあります。父親母親たちは、何年も大きな犠牲を払って、結婚し、家庭を築いてきたせいもあるでしょうが、わたしの話が気に食わないようすでした。

ところが、かなりの人数の若い人たちが大人たちの後ろに列を作って待っていて、わたしにおおよそこのように話したのです。「素晴らしいお話でした。わたしは、母や父が自分と同じように考えてくれないのは、わたしが一人前の大人になれていないからだと思っていました。そうではなくて、神さまはわたしのために親とは違うご計画を用意してくださっていることに、わたしが気づいていなかったのだということが、よくわかりました」。

このようにしてイエスさまは、弟子には新しい「母親」を与えると言い、母マリアには新しい「息子」を与えるとおっしゃるのです。

この十字架の下に集った群衆であるわたしたちは、人種も性別も氏族もそれぞれ違うと思っていましたが、いったん一緒に立ち上がったかと思うと、声をそろえて叫びました。「十字架につけよ」と。国家の違う者たちが連合したとしても、特に良いことがあるとは限りません。連合や共同体（コミューン）作りはいつも、人間が神を外す手立てとして考え出されるものだからです。

しかし十字架の上でイエスさまは「十字架につけよ」と叫んだ人々を、愛をもって見つめておられ、ご自分の愛の連帯によって、わたしたちを互いに固く結びつけようとなさいます。

わたしたちは以前には、同じ遺伝子を受け継いでいる者のみを愛していましたが、いまは、イエスさま以外には何一つ共通点のない人々をも愛する者とされています。また一人見知らぬ人が押しかけてきたと感じたような女性を、「姉妹」と呼び続けるという経験を、わたしたちは積み重ねています。これは十字架の足元に集まることの、重要な副産物であって、恵みに満ちた、力強い要請です。これこそは、「キリストのからだ」と呼ばれる集まりです。

わたしたちは、一緒にいること、共同体、真の家族を心から求めていますが、こうして一つに集められているのは、孤独な者同士だからではなく、神の大いなる愛に導かれたからです。

「いやな奴」も教会の一員

十字架の足元に集められた、この「家族」を好きになるには、何が必要でしょうか。わたしたちの街に住んでいる一人の大物ビジネスマンが起訴されました。会社の金を数百万ドル不正にだましとって、数千人というその社の従業員を破滅させました。その男が、連邦裁判所の法廷に呼び出される寸前になって、自分は「救われた」と言い出し、広告代理店を通じて、自分は「主イエスを見いだした」と宣言したのです（わたしの書き方は、どうしても冷ややかになります）。

さて、それから一か月後、わたしがテレビの「クリスチャン・トークショー」という番組の司会として、目にしたのはだれでしょう。泣きながら、自分の罪を告白したと喧伝されているこの詐欺師その人でした。神と人々の前で、聖書を手に持ち、敬虔で善良な小羊のようにふるまっていました。

わたしは黙って番組を見ていられませんでした。「なんというういやな奴なんだ」と、大声をあげて妻のパティーに言いました。「この人の偽善には限度というものがないのか。これが信じられるか」。

居間を通り過ぎながら、妻はつぶやきました。「信じられないのは、イエスさまがどんな人をお救しになるかでしょう。もっと信じられないのは、どんなにいやな人と一緒に教会員になりなさいとイエスさまがおっしゃっているかですよ」。

妻は真実を言ったのです。もしあなたが生まれてきた家族が苦痛であると言いたいなら、イエスさまによって迎え入れられた新しい家族がどんな家族であるかを、よく考えてください。以前にも申し上げたことですが、もう一度繰り返します。イエスさまのくださる一番つらい試練は、イエスさまと付き合うことではなくて、イエスさまがわたしたちよりももっと親しくされている友人たちとまともに付き合うことなのです。主イエス・キリストが十字架にかかって罪をお赦しになった人々の多くは、まさに、イエスさまが付き合われたどうしようもない悪漢たちなのです。このことを決して忘れてはなりません。

顔の見える家族としての教会

アメリカ南部の女性作家フラナリー・オコナー〔一九二五―一九六四年〕が、まだ無名だったころの一時期、ニューヨークでひとり暮らしをしていました。そのようなだれにも知られない状況で教会に通うのは、自分にとって非常に都合がよかったと書いています。

西一〇七丁目の聖母被昇天教会のミサから帰るときに、オコナーは教会についてこう言いました。「できたら知り合いになりたいと思う人が数人はいますが、知らないでよかったと思う人が、それこそ何千人もいます」[原注1]。

先日、わたしたちの教会で、ある宣教師がハイチの子どもたちのための献金を要請しました。献金皿がまわされ、最初の献金の額が集計されました。金額が足りなかったようで、「もう一度献金皿をお届けします」とその女性宣教師は言って、こう付け加えました。「どうかもう一度お祈りしてください。イエスさまが皆さんに、皆さんご自身のお子さんの顔を思い浮かべさせてくださるようにと」。

それではいま、皆さんの周りを見回してください。イエスさまの十字架の下に集まっている人たちを見てください。あなたのよく知らない方もおられるでしょう。あなたと共通の属性をお持ちの方を探しても、多くは見つからないかもしれません。神さまにお祈りして、こういう見知らぬ方々を、あなたの兄弟姉妹だと思うことができるようなお恵みを与えてくださるよう願ってください。また、その人たちが、あなたを親しい親戚のように受け容れることのできる御恵みをいただけるように、祈ってください。あなたが成長する間に、ご家族から受けた不当な扱いや、諸問題は、いま解消され、癒されようとしています。伝統的な家族で育たなかった人たちも、子どもを授からなかった人たちも、ここで一緒になって、世界がいままで、見たことのないような、最大の家族を作り上げるようにと、一生懸命努力しているのです。

お帰りなさい。ここがあなたの本当の家族です。

原注１　Paul Elie, *The Life You Save May Be Your Own* (New York: Farrar, Straus and Giroux, 2003), 178 に引用されている。

ヨハネ19：26―27

＊1　一八九四―一九七八年。アメリカの挿絵画家。二十世紀アメリカの文化や家庭生活を描き続けてきた。「サタデイ・イブニング・ポスト」紙の表紙を五〇年以上にわたって担当。

＊2　一九六九年から七四年までABCテレビで放映されたコメディー。三人の子どもがいる離婚経験者同士が結婚して、家政婦と一緒にロサンゼルスの一つの家に暮らすという設定。映画にもなり、日本でも一九七〇年から七一年まで放映された。

＊3　ルカによる福音書第2章35節

＊4　マルコによる福音書第3章35節

第4の言葉

祈りによる問題提起

わたしたちはそんなに悪いのですか

主よ、正直にお尋ねします。わたしたちの罪は、今日これから見ざるを得ない醜悪なドラマが必要となるほどに、そんなにも重いのでしょうか。わたしたちの犯したほんのちょっとした間違いによって、真昼の空が真っ暗になり、地が揺れ動き、天が裂けるような事態が起こらねばならないのでしょうか。

わたしたちが、間違いを起こしたのは確かです。ものごとは、思いはかったようには進みません。予想もできない混乱が起こり、手の届かない要素もからんできました。ただ、良かれと思ってやったことです。だれかを傷つけようなどとは考えてもいませんでした。でも人間のすることとです。間違いは起こってしまいました。しかし、わたしたちは、そんなに悪いことをしたのでしょうか。今、まじめにお尋ねします。世の罪を取り除く小羊なる主よ。わたしたちは、人類の歴史上、最良の人物だったなどとはとうてい申せませんが、最悪の人物ではなかったことも確かでしょう。もっと重大な悪事を行った人物は他にたくさんいます。それとも、まだ無知だった祖父や祖母が犯した悪事の責任を問うとおっしゃるのですか。その時代の人々も、同様に、時と場所の制約のうちで、全力を挙げて、いいと思うことをしていたのです。人間はいつも、限られた情報のもとで判断せざるを得ません。思いはかることと、招いた結果との間には、どうしても大きな隔たりが生じてしまうのです。

あなたが代わりに死んでくださるほどの罪人でしょうか

ですから、主イエスよ、どうかだれか他の人のために、もっと派手な罪を犯した人のために、あなたの最大の犠牲に見合うような罪人のために、命を捨ててください。わたしたちはそんな大きな責任を負いたくありません。実際、それほど重大な不義を犯したでしょうか。わたしたちは、あなたが代わりに死んでくださるほどの罪人なのでしょうか。

率直に申します。絵全体を眺めてくださるならば、わたしたちの犯した罪は、少なくともわたしの罪は、絵の隅っこでたまたま起こった小さな事件にすぎないのではありませんか。ちょっとした反抗の行為を、あなたは大騒ぎで取り上げておられます。あなたの血をわたしたちの手に流さないでほしいのです。あなたの死の重荷をわたしたちの人生に背負わせないでほしいのです。

心から祈ります、アーメン。

わが神、わが神、なぜわたしをお見捨てになったのですか

マタイによる福音書第27章45―49節

十字架上の御言葉の中心は

昼間の教会、夜の教会

わたしたちの教会は、どうやら夜の活動は苦手のようです。ずっと以前にはメソジスト教会でも、日曜の夕礼拝が、当然の要請に応じて全国各地でとり行われていました。しかしそこへ、「日曜夜のテレビ番組」がやってきたのです。なかでも西部劇のホームドラマともいうべき「ボナンザ」が登場しました。そのためもあって、現在では暗くなってからの礼拝が、あまり行われなくなりました。

これは悲しい現象です。というのも、イエスさまは、いくつもの大切なお仕事を暗闇のなかで行われたからです。湖水の上を歩かれたのも、荒れた湖を鎮められたのも、夜明け前の出来事でした。イエスさまは、夜中に、ユダヤ人の指導者ニコデモにお会いになって教えを説かれました。皆さんよくご存じの「最後の晩餐」も、まさに文字どおり、木曜日の晩に、弟子たちとお祝いになりました。そのうえ、イエスさまが復活なさったのは、「まだ暗いうちに」[*1]でした。

これが真実です。イースターの出来事は、暗闇のなかで起こりました。というのも、女性たちとともに、わたしたちがイースターの夜明けの礼拝を守ろうとお墓へ行くと、すでにイエスさまはよみがえられて、わたしたちの手の届かないところへお出かけになっていたからです。闇のなかを躍るようにして、ガリラヤへと先に行かれたのです。[*2]

しかし、わたしたちの教会は、イエスさまのようには、闇のなかでうまく活動できません。「残念ですけど、わたしの通っている教会は明るいハッピーな教会ですので……」と、牧師面談の席で、ある女性が言いました。

「明るいハッピーな？」

「ええ、そうですよ」

この人は説明します。「教会で起きることは、みんなハッピーで、ビートにのっています。礼拝の初めに牧師先生はステージにとびあがります。笑顔を作り、にこにこ笑いながら。なんだかドラッグを使っているみたいに、めいっぱい、何の疑いもためらいもなく、明るく幸せな行動をなさいます。その口癖は、『最高！』です。『今のは、最高の歌でしたね』『プレイズバンドは、実にサイコーでした』。……礼拝音楽は全部ビートに乗っていて、にぎやかです。こういう教会で礼拝を続けながら、人生の苦難のときを過ごすのかと思うと、ちょっとこわいですね」。

この話を聞いて、わたしも最近、救い難いほど「明るいハッピーな教会」を訪問したことを思い出しました。礼拝の後で、みんな一緒に、笑いあいふざけあいながら、日当たりのいい道を駐車場のほうへ歩いていたとき、わたしは一言、その牧師先生に質問せざるを得ない気持ちになりました。

「今日、このなかに癌で苦しんでいる人はいないのですか。結婚生活が破れて悩んでいる人はいないのですか」

さっきも申したとおり、わたしたちの教会は、暗闇の世界での活動をあまり上手には行っていないようです。

第四の御言葉の衝撃

さて、第四の言葉です。なんという言葉でしょう。なんという恐ろしい、びっくりするような言葉なのでしょう。イエスさまの十字架上の御言葉の真ん中にある、この言葉。「わが神、わが神、なぜわたしをお見捨てになったのですか」。

十字架上の七つの御言葉全体の、コンテクスト（脈絡と位置づけ）を決めているのが、この第四の発言です。この発言がすべての発言の「扇《おうぎ》の要《かなめ》」の役割を果たしています。十字架の言葉が聞き手に与える「つまずき」を明るみに出してくれています。遺棄され、見失われ、放置され、疑いの声を発している者の言葉です。これが、神の子メシア（救い主）の発言、父なる神に向けられた、子なる神の黙示の言葉なのでしょうか。神の子の発言だとは、とうてい予測もできないようなお言葉です。

この発言は、第一の発言として発せられてはならなかったような言葉です。この御言葉が、まず初めに発せられたとしたら、それ以後の発言をだれも聞き続けようとしなかったでしょう。「わが神、わが神、なぜわたしをお見捨てになったのですか」。

しかし、奇妙なことですが、身を焦がすようなこの御言葉は、同時に希望を与えてくれる御言葉なのです。わたしの人生の歩みのなかで、――暗黒と絶望のなかで――わたしも暗闇の谷を歩く機会が巡ってきたときに（確かに、十字架にかかられたイエスさまのあの金曜日に歩まれた谷のような漆黒の闇の道とは言えないでしょうが、それにしてもわたしにとっては真っ暗な）、わたしも苦悶の言葉を、神さまに向かってつぶやいたかもしれません。ただし、わたしの言葉は、神を責め、怒りをぶつけ、神に向かって苦しみもだえる点において、イエスさまのこのお祈りほどに激しくはなかったのです。「わが神、わが神、なぜわたしをお見捨てになったのですか」。

ここで、イエスさまの唇から発せられるこの言葉をここ十字架で聴くことは、まったく大いなる……

慰めなのであります。

子どものときの祈りが口をついて……

この祈りの言葉は、イエスさまが創作なさったものではないことを、多分ご存じだろうと思います。これは、旧約聖書の詩編第22編からの引用です。この祈りをイエスさまは暗記しておられたと思われます。おそらく、ユダヤ教の会堂で開かれる安息日学校で教えられていたのではないでしょうか。

この祈りは、わかりやすく言い換えれば、「神よ、あなたはどこにおられますか。わたしはあなたを探し求めていますのに」という言葉になるはずです。イエスさまは、人生の苦境を迎えた人なら、だれでも口にする祈りをなさったのです。こういうときには、気取った思考や言葉が無力になり、記憶の底を探るよりほかはなくなります。そういうときに思い出されるのは、子どものころに心の奥深くに貯えられたもの、例えば、主の祈りとか、詩編第23編とかでしょう。

この事実は、教会が子どもたちに聖書を暗記し、暗唱するようにと、大いに勧めなければならない理由の一つです。人生の暗い時期、苦境に陥ったぎりぎりの場面、まともにものを考えられなくなったとき、懸命に学んで覚えたはずのものがほとんどどこかへ消えてしまったとき、そんなときに、心の奥底に埋めこまれた記憶が、役に立つのです。それについて考えるまでもなく、口をついて出てくるような何ものかが、必要になるのです。

そのようにしてイエスさまも、身についたお祈りの言葉を、もう一度繰り返して祈られます。それは子どものときに安息日学校で習った祈りです。この、嘆きの詩編です。

「わたしの神よ、わたしの神よ
なぜわたしをお見捨てになるのか。
なぜわたしを遠く離れ、救おうとせず
呻《うめ》きも言葉も聞いてくださらないのか」

この詩編第22編よりも、むしろ詩編第23編（「主は羊飼い、わたしには何も欠けることがない……」）のほうを、わたしたちが好んで子どもたちに教えこんでいるのは、ちょっと不思議です。十字架上の主イエスは、わたしたち人間に語られたのち、最後の時になって、父なる神さまに向かって、語りかけられ、祈りをささげられます。その祈りは、よく知られている「寝る前の子どもの祈り」の「大人の言葉バージョン」と見えるような祈りでした。十八世紀以来、各家庭で祈られてきた「子どもの祈り」[*3]はこういうものです。

「これから　わたしは　ねむります

主なる神さま　わたしのたましいを　お守りください
もし　目覚めるまえに　命がおわるなら
神さま、このたましいを受けてください」

マタイ27：45―49

神はどこにおられるか

神と離れたことのないお方の問い

この第四の祈りにおいて、主イエスは神がどこにおられるかを問うておられます。これ以前には、主イエスは父なる神と片時も離れたことがなく、「わたしと父とは一つである」[*4]「わたしを見た者は、父を見たのだ」[*5]とおっしゃっていたのです。ところが、いま、この最期の時、暗闇のなかに遺棄された主イエスは、父なる神からはっきりと離れて、距離をへだてて祈っておられるのです。「神よ、あなたはどこにおられるのですか」と。

二〇〇一年の、あの九月十一日の悲劇ののち数週間のうちに、この問いは、ほかの多くの問いをさしおいて、教会で信者が問う第一の質問になったのではないかとわたしは思います。「九月十一日にあなたはどこにおられたのでしょうか」。

凶悪な犯罪者たちが、二つのタワービルディングを標的として航空機を飛ばし、大きな塔が二つとも崩落して、破壊と死の地獄の炎に包まれていたとき、神はどこにおられたのでしょうか。この祈りの言葉は、ほんとうに究極の場面（ラテン語 in extremis）でのみ、つまり、ものごとがばらばらに砕け散った、まったくの暗黒のなかでのみ、発せられる言葉です。「わが神、わが神、なぜわたしをお見捨てになったのですか」。

わたしの分析結果はこういうものです。九月十一日に神はどこにおられたのかという質問――いいかえれば、いかにして神はこのようなことが起こるのをお許しになったのか、これを差し止めるために神は何もなさらなかったのか、このこと全体についての神の御心は何だったのかという質問――に対しての答えは、かなりの程度、質問を発する当のわ、た、し、た、ち、が、九月十一日にどこにいたかの事情に影響されている、というものです。

皆さんのなかに、公共テレビ（ＰＢＳ）で放送されたドキュメンタリー「グラウンドゼロからの信仰と懐疑」をご覧になった方も多いと思います。〔グラウンドゼロは破壊された貿易センタービルの跡地の呼び名。〕これほどの大惨事を体験した大勢の人たちが、その体験を通じて神さまのことをどう考えたかをわたしは興味深く見させてもらいました。九月十一日の恐怖の体験を語るように求められた人たちが、神さまについて考えたことがらは、ほとんどすべての場合、その人たちがずっと以前から神さまについて考えていたことに基づいていました。

神さまは完全な力を持つお方であって、わたしたち人間に対してほんとうに悪いことが起こるのを決してお許しにならないと考えていた人たちには、文字どおりの幻滅が生じました。一方、神を何か漠然とした、遠く離れた、人格を持たない理念のようなものであると考えていた人々は、漠然とした、無性格の考えをめぐらし、なにやら漠然とした、無人格の、哲学的な慰めを見つけ出していました。

しかるに、このような神の御言葉を前々から聞いていた人々は、この十字架上の第四の御言葉に基づいて、彼らの考え方をまとめました。すなわち、神は、あの運命の九月の火曜日に、どこにおられたか。二〇〇〇年昔の、あの運命の四月の金曜日に神がおられたところに、神はおられたと言うのです。

九月十一日は、「わが国アメリカの歴史始まって以来の最悪の事態」であると言った人々がいますが、その言葉はたぶん正しかったでしょう。この国は以前には、自国は世界最強の国、もっとも安全な国、もっとも潔白な国、世界中の国々から正当に敬愛されている国であると自負していました。そんな国がいまや全然そうではないと自覚せざるを得なくなったのは、まったく悪い事態です。しかし、世界の歴史上、最悪の事態は、実はマンハッタンで火曜日の朝に起こった事件でなく、ゴルゴタの丘で金曜日の午後に起こった事件なのです。

ゴルゴタの処刑場でわたしたちが見たのは、神が人を救うなさり方の複雑さです。人とともにおられる神の、そのおられ方の奇妙さです。そこでは、歴史上もっとも善良であったお方が、十字架にかけられ、公衆の面前で侮辱され、死の苦しみを受けておられます。それなのに、父なる神は子なる神を十字架からお助けにならず、子なる神の苦悶を見過ごしになさっています。

いったいどうしてでしょうか。一見して明らかなことは、神の「力」についての神さまのお考えが、わたしたち人間の考えよりも、もっと複雑なものであるということです。

この神は、勝利を得るためにわたしたちのような武器を用いられません。この神の「愛」の定義は、われわれ人間のセンチメンタルな愛とはまったくの別物です。この神が、神の御子の死に直面するときには、神は御子を死の恐怖から保護なさるのではなく、御子と「ともにおられる」のです。

この神の偉大さは、神の子たちである人々の発する深い悩みの言葉を軽蔑なさったり、拒否なさったりする領域を超えておられます。この神は、十字架上の主イエスの壮絶なお祈りを、正面からお受けとめになるほどに偉大な神であられます。また、これほどのお祈りを真っ正直に神に申し上げるには、偉大な深い信仰の持ち主でなければなりません。

わたし自身の祈りを振り返ってみますと、そのほとんどが、「神よ、あれをください、これをください。わたしを自由にしてください、守ってください、助け出して救ってください」というものです。ところがイエスさまは、父に救出をお求めにならず、父の現臨をお求めになりました。主イエスのほとんど最後のお祈りは、「父よ、あなたはどこにおられるのですか」だったのです。

父なる神のお近くにいらっしゃって、「わたしは父と一つである」とまで宣言なさった方が、いま、父から少々離れて祈っておられます。父なる神は正義のお方であり、聖なる方、暴力をお嫌いになる方、創り主であるお方です。ですから、ゴルゴタの丘で起こっているような事態――不正と血まみれの悪

——のただなかにおいでになって、祝福なさるようなことをするはずがありません。

それゆえ、神はこの場に子なる神をお遣わしになったのです。父なる神は、子なる神として、恐怖の場面に踏みこまれます。絶望の最深部から、子なる神が父なる神を呼び求められます。わたしたちは三位一体の神秘のあまりに奥深くにいます。そこはもはや言葉を超えた世界です。もしかすると、三位一体の神にさえ、この状態にふさわしい言葉を新たに創り出すことが困難だったのかもしれません。ですから御子は、聖霊の助けを借りて、父なる神に祈られます……詩編の御言葉を引用して。

真にキリスト者らしい祈りの最上のものは、誠意ある祈りです。「神よ、わたしの望むとおりに世界を動かしてもらいたいと願うことから、わたしを遠ざけてください。わたしの追い求めるとおりに、わたしの人生が進展していくようにと願って励むことから、わたしを救い出してください。どうか、イエスさまのように、『わたしの願いどおりではなく、御心のままに』*6と、お祈りすることのできる者にしてください」。

神は人間の願いどおりのお方ではない

これらの心を焦がすような言葉は、神へのお祈りとして用いていい方法でしょうか。これはイエスさまのお祈りの方法です。父なる神さまともっとも近くにおられた方の祈りです。このお祈りは、三位一体の神さまの御心の深いところで交わされた、深遠な暗い会話です。

この会話には二面性があります。一方では、この第四の祈りは、神がわたしたち人間のそばにいてくださって、人間の置かれる最悪の状況の暗さ、汚《きたな》さにまで降りてきてくださっている徴《しるし》です。他方では、神がわたしたち人間とは遠く離れた偉大な方であることの徴となっています。

この恐るべき真理の言葉が現れる以前には、わたしたちは神を、もし自分が神になれたなら、こんな神になるのだなあと考えたような、愛情深い、同情的な、思慮深い、面倒見のいい、さらには、全能で、崇高で、万能の官僚のようなお方であろうかと想像していました。ですから、そういう神に願えば、神は万事を正しくとりはからってくださると信じていられたのです。

こういう神の姿勢は、数年前のクリスマスに起こった津波[*7]のときに、わたしたちの根底にあった神のイメージだったように思います。「いったいどうして、良き神がこのような苦難と悲劇の発生をお許しになるのだろうか」。これを言い換えると、「もし神が面倒見のいい、同情的な、思慮深い（そして、全能で、注意深く、力強い）神で、わたしだったらこんな神になるのだと思うような神であったなら、目の前で、こんな苦難、不正義、悲劇を起こらせはしないだろうと思う、いやしくもわたしが神である限り」ということになります。

しかし、実際のイエスさまの御言葉において、わたしたちが聴く三位一体の神の中心で交わされる会話において、十字架上の第四のお祈りにおいて、すなわち「神よ、なぜわたしをお見捨てになったのですか」という会話において、神はわたしたちと同じであるとは、絶対に言えないことを発見するのです。

わたしたち人間と父なる神の間には、大きな違いがあります。わたしたちの思い描く、貧弱な、人間中心のアナロジー（類比）によれば、神はわたしたちによく似たお方で、面倒見がよく、同情的で、思慮深い方、それも想像を超えるほどの親切なお方であると言えるのですが、この類比は、十字架上の神と正面から出会うならば、一挙に無意味となってしまいます。わたしたちの考えでは、神であることは力を意味します。ものごとに決着をつける力、望むことを自由に行う力、自分の利益のために、世界を正しく動かす力です。

ところがいま、この十字架上の祈りにおいてわたしたちが発見するのは、どんなに有能な思いやり深い神を思い描いても、神は必ず、わたしたちからかけ離れておられるということです。神は「苦難の僕《しもべ》」となられました。二人の盗賊の間で処刑され、犬のように死んでいく者となられました。自ら望んで、十字架にかけられ、公衆の面前で屈辱を味わうお方となられました。あるいはこの神は、自分の息子、愛する子どもを、人間の罪深い手のなかに送り出されるお方です。それは、人間をありのままで受け入れるためにほかなりません。わたしたちはイエスさまに、立ち上がってくださいい、神のような行動を見せてくださいと頼みますが、イエスさまは十字架にかかったままでおられます。

そこでわかることは、わたしたちが「神」と呼ぶもののイメージは、一般に、当時の支配者ポンティオ・ピラトの権力の変形であるにすぎないということです。その権力とは、崇高な目的（実は利己的な目的）を果たす手段としての軍事力、政治権力、衝撃と恐怖と露骨な暴力などです。

わたしたちアメリカ人がイラクを攻撃したのと、ハリケーン・カトリーナの被災者に惜しげもなく大きな援助をしたのには、共通の理由があると感じられます。わたしたちには、神が現れて行動なさらないなら、神に代わって正義を実行しよう、神のなさらないことに決着をつけてさしあげようという強烈な欲求があるのです。わたしたちのとる最悪の行動と最善の行動とが、ほとんど同様の理由で行われたのです。すでに大昔にアリストテレスがこう発言しています。「わたしたちは、平和実現のために、侵略戦争をする」。

愛のゆえに離れる

しかしいま、あの金曜日の一日の真ん中の時刻です。ご覧なさい。主イエスが「父」とお呼びになる方は、天におられません。玉座に座して、時が来たら、決着をつけるためにかけおりようと待機しておられるのではありません。父なる神は、十字架にかかっておられる子なる神のそばにおられ、子なる神と直接に会話を交わしておられます。会話をしておられる以上、子となって行動されているのではありません。

わたしたち人間は、「わが神、なぜわたしをお見捨てになったのですか」という恐ろしい言葉、恐れを引き起こす言葉を聴きたくありません。その理由は、この言葉に、わたしたちの神がどんなお方であるかが、はっきりと現れているからです。わたしたち人間の思いどおりには動いてくださらない神であることが明らかになるからです。暗くなったらすぐに電灯のスイッチをつけてくださる神ではなくて、十字架の上で、闇のなか、わたしたちのそばに来て、一緒に歩きまわって、三位一体の神の中心で交わされる会話をともに聞かせてくださる神、そういうお方であることが示されるからです。

父なる神は、聖霊なる神のお力のなかにあって、子なる神と一つであられます。それなのに、父は、無限なる愛のゆえに、その子を、遠く離れたわたしたち罪人の国へと派遣されました。父のもとを去る子なる神は、父を捨て去った罪人たちのそばにいるために、あれほど親しい父なる神から離れることを危険を承知で選び取られました。これは単に神から離れるだけではなく、自分の真のアイデンティティからの分断をも意味しています。

子なる神は、わたしたち人間にあまりにも近寄りすぎたため、わたしたちの罪深さを身に負われます。わたしたちの邪悪さに対する神の怒りを、身に受けてくださいます。父なる神は、完全に正義であり、聖なる方ですから、子なる神が向こう見ずにも愛にあふれて身に負われた罪を、抱きとめることがおできになりません。そのゆえに父なる神は、子なる神を十字架上にお見捨てにならざるを得ないのです。神は愛であると同時に義であるお方でいらっしゃるからです。

ここに、この十字架上の第四の御言葉に、わたしたち人間の考えも及ばないことが現れています。愛するゆえの分離。完全に愛し合い、分かれるはずがない、三位一体の中心における、愛のための離別です。

この人間の世界では、愛が人生最大の悲劇の原因になることがよくあります。わたしたちはよく知っています。愛のゆえに生じる苦痛が伴うというリスクを負わずに他者を完全に愛することは不可能であると。これが、あまりにも人間的で不適切な類比の表現であることは十分に心得ています。ただ、このような神秘を何とか表現してみたいと手探りしているだけなのです。

父なる神は、聖霊の犠牲的なお働きのなかで、子なる神を犠牲にするというこのことで、何という大きな犠牲を払っておられることでしょうか。十字架の上のこの瞬間に、三位一体の神の中心に、本当の分裂が起こっています。本来分裂などあり得ない三位一体の神であられるゆえに、この犠牲は壮大なものと言わねばなりません。この分裂の痛みは神が負わざるを得ないものです。この神が義と愛のゆえに、罪人を救うためにわたしたちの傍らに来られる以上は。

十字架が救いであるのは？

こういうわけで、主イエスの十字架が、ごく初期の弟子たちにとって、大問題であった事情が理解できます。何人かの学者たちの信じるところでは、最初期の福音の宣言においては、イエスの刑死に救いの意味は帰せられていませんでした。一例を挙げると、使徒言行録第2章23―24節で、ペトロが福音を宣言したとき、十字架の刑死は、復活によって乗り越えられた悲劇であると語られています。「このイエスを……あなたがたは……十字架につけて殺してしまったのです。しかし、神はこのイエスを……復活させられました」。

　このしばらくのちに、アンティオキアのイグナティオスは、仮現論者たち（Docetist）に反論しなくてはなりませんでした。仮現論者というのは、十字架上においてイエスさまは死んだように見せかけただけであり、苦しむように見えただけであると教える人たちです（ギリシャ語の「doceo」は、「……のように思われる」という意味です）。

　では、本当に苦しんで十字架にかかった救い主が、わたしたちにとっての救い主であるのは、どのようにしてなのでしょうか。「メシア、イスラエルの王、今すぐ十字架から降りるがいい。それを見たら、信じてやろう」と、わたしたちは叫びました（マルコ15・32）。

　歴史的にも、ずいぶん時間がたってから、わたしたちは認識したのです。栄光に満ちて十字架から降りることをなさらないことによって、イエスさまはご自分が真実の救い主であることを示されたのだと。この救い主は、失われた人々を探し出して救うためにすべてを与え、すべてを賭けるという栄光に満ちたみわざをなしとげられました。今までイスラエルを愛して、何度も何度もイスラエルのために危険を冒し、苦しみを受けてこられた神であればこそ、子なる神が捕らえられて十字架で死ぬことをあえてお許しになったのです。

　それから何世紀にもわたって、教会は人がいかにして救われるかについて説明しようと苦闘を重ねてきました。人はいかにして十字架によって救われるのか、義とされるのか、神に近づいて神と正しく向かい合えるのか。これら「贖《あがな》い（Atonement）」の教理は複雑にならざるを得ません。そして複雑な教理が実際に役立つ機会は、あまり多くはないのです。

理解より体験を

今日は、十字架上の主イエスによってわたしたちがどのように救われるかを教理としてお話しする日ではありません。十字架上の七言についての礼拝で、教会は、十字架の教理に関して、使徒パウロのしたような黙想に深入りすることはありません。

教会が大切にするのは、十字架の物語を語ることです。わたしたちはここに座って、十字架で起こるわたしたちの救いを見つめましょう。わたしたちは、神のご勝利を賛美し、注目し、そして、凝視しましょう。わたしたちがするのは、理解でなく、体験です。

それでは、「わたしはある」という神が、血を流しつつ、愛の再定義をなさって、こう言われる神であられるなら、あなたはどうしますか。神はご自分を、「神の身分でありながら、神と等しい者であることに固執《こしつ》しようとは思わず、かえって自分を無にして、僕《しもべ》の身分になり、……へりくだって、死に至るまで、それも十字架の死に至るまで従順でした」と言われるのです（フィリピ２・６―８参照）。

わたしたちは、神に何か良いことをしていただきたい、何か大きなことをしてほしいと願いました。しかし神は十字架につかれたままでした。無力のままで。世界中から馬鹿にされて。裸で、人前にさら

マタイ27：45―49

されて、救ってくださるはずの神に苦悶の声をあげられました。そして父なる神は救わないことでお救いになり、解放しないことで解放なさり、お見捨てになることで抱きとられ、あくまでも違った存在でありながら、もっとも近くに寄り添われました。だれもが知っている子どものお祈りを引用するような、まったくの弱さのままのお祈りで、ほんとうの強さが示されました。

イエスさまのこの祈りをよく聴いてください。イエスさまのほぼ最後のお祈りです。あなたはその祈りから、あり得ないほどに異質で、不思議で、奇妙なこの神について、多くのことを学ばれるはずです。

もっと日差しの明るかった過去、ガリラヤでの過去において、暑い夏の午後のこと、主イエスの弟子たちは、主に頼みました。「わたしたちにも祈りを教えてください。バプテスマのヨハネが弟子たちに教えたと同じように」。それに答えてイエスさまは「主の祈り」をお教えになりました。「天にまします我らの父よ……」。

そして今、そのご生涯の終わりに、暗闇のますます濃くなっていくなかで、イエスさまはもう一つの「主の祈り」を、お教えになったのです。「地獄にもいらっしゃる我らの父よ……」と。

＊1　ヨハネによる福音書第20章1節
＊2　マタイによる福音書第28章7節、マルコによる福音書第16章7節

＊3　「これから　わたしは　ねむります」から始まる一連の祈りは、十八世紀以来英語圏のプロテスタント教会の家庭で用いられてきた就寝前の幼児の祈りである。いろいろなバージョンがあるが、代表的な詩句は、次のような祈りから始まる。

Now I lay me down to sleep,
I pray the Lord my soul to keep;
And if I die before I wake,
I pray the Lord my soul to take.

＊4　ヨハネによる福音書第10章30節

＊5　ヨハネによる福音書第14章9節

＊6　マタイによる福音書第26章39節など

＊7　二〇〇四年十二月二十六日のスマトラ島沖地震による津波のこと。

第5の言葉

祈りによる問題提起

人生に意味と目標を与えてください

主よ、わたしたちがこうしてみんなで集まって教会に来たのは、教会のドラマがわたしたちに元気を与えてくれるだろうと期待してのことです。この丘を登ってきたのは、文字どおり人生の頂きに達するような体験がしたかったからです。

どうも、近頃の世の中は陰気で、わたしたちも憂鬱になり、下降線を辿っているように感じられましたから、上向きの力づけがほしかったのです。人生の意味と目標を新しくしてくれるものを求めてきたのです。考えてみれば、宗教とは、まさにそういう力を与えるべきもので、それが宗教のすべてなのではありませんか。

本音を白状すれば、わたしたちがいま、知っていることが初めからわかっていたとしたら、つまり、歯ぎしりとか、折れた骨とか、ほとばしる血とか、叫びとか、そんなあれこれを知らなければならないのだと気が付いていたとすれば、わたしたちはむしろ、家から出ないで、テレビの「信仰と価値」チャンネルを見ているほうを選んでいただろうと思います。

教会で学ぶことは役に立つのでしょうか

教会で知ったいろいろなことが、わたしたちの毎日の生活ではどんなふうに役立つのか、理解しにくいのが、まさに問題です。いったいそういうことは、世の中でより大きい責任を果たすのにどんな助けになるのでしょうか。それが、人類全体を愛する、より偉大な愛を実際に与えてくれるのでしょうか。いや、少なくとも、自分自身の価値を肯定して生きるようになるためにだけでも、どんなふうに、役立つのでしょうか。

教会で新しく知ることのどれか一つだけでも、わたしたちの毎日の暮らしに活用できる方法があるのだろうかと、最近は考えるようになりました。わたしたちは、いまのままでも十分なほど問題を抱えています。不愉快なことをさらに見つめるようにとあなたから促されなくても、すでに手いっぱいです。

率直に言わせてもらえば、教会で知るべきことのいくつかは難解で付き合いきれません。教会の説教で一番大事なことは、神さまなるあなたを、やさしく理解できるように説明してくださることではないのでしょうか。アーメン。

渇く

肉体的なことの大切さ

ヨハネによる福音書第19章28―29節

自殺した男の最後の言葉

子どものころ、ジョン・ターボックスというちょっとした有名人が近所に住んでいました。「ターボックスのドラッグストア」の経営者で、自分の店のとなりに小さな自宅がありました。

ある土曜日のこと、このジョンがいつもより早く家に帰ってみると、妻のサラ・ターボックスが他の男性とベッドで寝ていました。これを見るとすぐ、ジョンは洗面所に行ってかみそりを持ち出し、それで自分ののどを掻き切り、家の前の芝生に倒れこみました。

サラは、赤いキモノを羽織ると、大声で叫びながら家の外へ出てきて、夫を抱きかかえましたが、その腕のなかで夫は絶命しました。のちに人から尋ねられてサラが答えたことによると、ジョンの最後の言葉は、「のどが渇いたよ」だったそうです。

子どもだったわたしは、ジョン・ターボックスを尊敬もしていましたし、恐れてもいました。夏になるとかき氷を買いに行く子どもたちは、おっかなびっくりで、ターボックスの店に入ったものです。

この人が血まみれになって死んだという話を聞いて、わたしが本当に怖いなと思ったことは、その最後の言葉でした。「のどが渇いたよ」。あんなに大きくて強い人が、のどの渇きを感じ続けながら死んでいくなんて、想像もできないことでした。

神の子が、つまり、あの三位一体なる神の第二の位格にあるお方が、「のどが渇く」などということがどうしてあり得るのでしょうか。十字架上のお言葉の四番目までは、神学的な内容でした。いま、主イエスが窒息して、血を流しながら発せられるお言葉は肉体的です。「渇く」つまり「のどが渇いた」とおっしゃるのです。

十字架上の第五のお言葉は、不思議なほどに、肉体的、身体的、現実的、そして平凡な言葉である「のどが渇いた」でした。これは十字架の金曜日よりも、むしろ最後の晩餐の木曜日にふさわしい言葉ではなかったでしょうか。主イエスの「最後の一週間」（受難週）の頂点として、わたしたちは、主イエスとともに食卓を囲み、もっとも肉体的な行為をいたしました。食べて飲むことです。長い最後の教えをなさった後、その終局で、その結論として、イエスさまはまったくの肉体的な発言をなさいました。「パンを食べよ、葡萄酒を飲め」と。

霊的なものと肉体的なもの

イエス・キリストは、肉体となった神の言葉である方、受肉された神ですが、そのお方において、肉体的なものと霊的なもの、地上的なものと天上のものがどのようにして一つになるのでしょうか。十字架の上でわたしたちが出会う事柄は、聖なる福音のなかで、恐ろしいほどに生々しい肉体的な出来事なのです。

キリスト教は、何か「霊的な」もので、捉えどころがなく、宙に浮いていて、あり得ない夢の国へ消えていくようなものだと想定する人がいるかもしれません。しかしそのような想定ができるのは、イエスさまの十字架の現実に出会うまでのことです。苦痛に歪《ゆが》んだ主イエスのお体、腱と肉の間に打ちこまれた長大な釘、死の苦しみにあえぐ呻《うめ》き声、十字架にしたたる血と汗。そして、これらが皆、わたしたち人間のせいなのです。

十字架にかけられた主イエスはまず、父なる神に「罪の赦し」について祈られました。続いて詩編第22編を唱えられ、さらに、十字架上の強盗に呼びかけ、ご自分の母親にも愛の言葉をかけられました。

そして今や、ひとりの人間としての肉体的な欲求を口にされます。これは、ご自分自身の事柄についての初めての発言でした。「わたしは渇く」と。

説教者としてのわたしは、聖なる集会のさなかに、肉体的な欲求に襲われてびっくりするという体験を何度かしてきました。

ある時は、「十字架上の七つの御言葉」についての三時間かかる礼拝で、わたしも説教することになっていました。主催者の牧師が忠告してくれたにもかかわらず、準備が不十分なままで礼拝に参加しました。話す内容の用意はできていましたが、話す肉体の用意が足りなかったのです。その礼拝で二時間近くも座っていたあと、一時半か四十五分ごろになって、ようやく、「わたしは渇く」という題でお話しする順番が来ましたが、わたしは立ちあがるなり、「わたしは渇く。いやほんとうに、どなたか一杯コップに水を持ってきてくれませんか。のどが渇いているのです」と言いそうになりました。そういえば、あるアフリカ系アメリカ人が会衆の大部分を占める教会で話をしたことがあります。礼拝は十一時に始まりましたが、聖歌隊によるいくつもの合唱や、幾種類もの献げもの、主任牧師の長話などがあって、わたしが立って話す順番が来たときには、午後一時を少し過ぎていました。そのときの問題は、渇きではなくて、つまり、礼拝の前にコーヒーを三杯もご馳走になっていたこともありましたから……。

いずれにしても、わたしたち人間には、問題が必ずあるもので、どのように霊的な努力をしても、またたとえ高貴で知的で、霊的な美徳を備えていても、結局のところ、わたしたちは一個の被造物にすぎないということがわかって驚かざるを得ないということになるのです。

肉体を持った神としてのイエスさま

イエスさまについて言えば、わたしたちは一個の被造物として、何とかして主イエスを、受肉した神ではなく、ほんとうに神であると、まつり上げたくなるという問題がいつも付きまとうのです。

ここにイエスさまがおられます。偉大なる霊的指導者です。深い知識を備えた立派な教師です。今までだれ一人発言したことのない高貴な考えを伝えてくれる先覚者です。このようにして、イエスさまを高く持ち上げ、日常生活の些細な俗事から離れて宙に浮いた存在とみなすこともできるのです。まるでプラトンのように扱うこともできるかもしれません。イエスさまを格別に霊的な方として持ち上げ、それゆえにわたしたちとは無関係な存在であると思いこむこともできるでしょう。

しかしながら、いまここでは、それはできません。なぜなら、神に向かって祈られた後、主イエスはご自分自身の事情を語られるからです、「渇く」と。仮現論〔主イエスは神であって、人間のように見えるのは仮の姿にすぎないという説〕に向かうすべての流れに対抗して、この御言葉は、「主イエスはほんとうに人間の肉体でおられる」という現実を思い知らせるのです。イエスさまのお苦しみは現実です。血と汗のしたたり、裂かれた肉体、すべて現実です。

大学で最近よく聞かれる会話にこんなのがあります。「先生は、近頃、霊性〔スピリチュアリティー〕

というものに関心が高まっているのを、良いことだとは思われませんか」。

「高まっているとしても、そんなものについては知りたいとも思いません。それで喜ぶなんてことも、まったくありません。わたしはキリスト者です。キリスト者は霊的（スピリチュアル）な存在ではありません。どちらかと言えば物質的な存在です。いつも受肉って言ってるでしょう」

あるバプテスト教会の牧師が語った、責めさいなむような説教のことを思い出します（それも、時もあろうに、結婚式での説教でした）。この牧師は、説教者たるものは、どんな機会にどの聖書の個所を用いて語ろうと、すべて救いの歴史を創世記からヨハネの黙示録に至るまで語りつくさねばならず、その中心は主イエスの十字架における贖《あがな》いの死であるべきだと信じているようでした。

この人の説教の大半は、十字架刑がいかに恐ろしいかを絵画的に描写することに費やされていました。会衆は、わたしが座った席から見る限り、どうやらそのお話に嫌気がさしてきているように見えました。説教者は続けて、主イエスの手のひらに釘が打ちこまれる様子を語っていくのです。

「皆さんは想像できますか。人の手のひらに釘が打ちこまれるのを」と彼はがなりたてます。槍がわき腹にさされるのを。血と水が傷口からほとばしり出るのを。いばらの冠を頭にかぶされるのを。この鞭打ちだけで死に至った囚人もあるほどの容赦のない鞭打ちの刑を。これらすべてがイエスさまに対して実行されたのですよ、と。

この説教は絵画的にも物質的にも、すべて過剰だとわたしは思いました。責めさいなむような語り方だと。しかし、この説教者にも良い点があると思い直しました。この人が語っている相手は、わたしたち同様、霊性の面で深入りしすぎ、人間の肉体性をひどく無視している人たちなのだろう。この説教は結婚式において語られました。ということは、花婿と花嫁は、精神的に感じたことをすべて肉体的行動に移す直前にあるということです。二人が教会にいるのは、性行為の序曲にすぎないとも言えるのです。

キリスト教の信仰は、このようなわたしたちに、口が酸っぱくなるほどに教え続けています。「わたしたちが神に出会うときがあれば、わたしたちは肉体において神に出会うのである」と。しかし、わたしたちは冷暖房の完備した家に住んでいて、そこで祈っています。いまこの瞬間にも、何百万の人々が薬を服用し、体の痛みの体験も、神のご臨在の体験も、鈍らせています。痛みがあれば薬を飲む。わたしたちが根本的には肉体的な存在であると思い知るのを回避することは容易です。

この世に肉体をとった神への礼拝

わたしの友人に生物の生存競争を描いたテレビ番組は絶対に見ないと言っている人がいます。ナショナル・ジオグラフィック・チャンネルの「カバの生き残りのドキュメント」といった特別番組も見ないそうです。この人に言わせれば、こういう番組はみんな「自然収奪の見世物」です。トラがシマウマを追いかけて殺すのも、ワニが水牛をむさぼり食らうのも、見るに堪えない不道徳な場面であるそうです。

「それが自然というものだよ、歯と牙と爪の支配する自然だ」とわたしは反論しましたが、全然こたえた様子はありません。「現代人はこういう『自然の』暴力や流血の場面を何百万回も見せられたので、免疫ができてしまっているのだ」と彼は言います。わたしたちは、骨を噛み砕く顎を見ても、引き裂かれる血まみれの肉を見ても、何とも感じなくなっている。今晩もまた、平然とテレビを見続けるのさ、と言うのです。

この人のような理屈は、毎晩のニュース番組を敬遠する理由にも、十分なり得るでしょう。イスラエルの占領地である、パレスチナのヨルダン川西岸地区において、破壊された村の瓦礫のなかに座る子どもたちを見る機会が一千回もあれば、またイラク人の母親が、わたしたちの爆撃によって家を破壊され、幼児を抱いて泣き叫びながら逃げているのを見る機会が二百回もあれば、わたしたちは同情の涙をこぼすことはなくなるでしょう。心が麻痺してしまうのです。

わたしたちが、残虐だから十字架の御苦しみは見ない、などと言うかもしれないからこそ、主イエスはこうおっしゃるのです。「わたしは渇く」と。

わたしが思うに、四つの福音書が主イエスの十字架を記述するとき、比較的簡潔な表現を用いているのには理由があります。あのメル・ギブソンの映画『パッション』が映し出したような、出血と血潮をあからさまに見せる、センチメンタルな表現は、福音書には一か所もありません。起こったことを単純に報告しているだけです。「彼らはこれをした」、「次にあれをした」というだけで、流血のこまごました描写などありません。多くはわたしたちの想像力にゆだねられています。しかし、わたしたちが残虐性を発揮して、あれこれ思いめぐらす余地はほとんど残されていません。ここに記されているのは、素朴な一言「わたしは渇く」だけです。

ホンジュラスに行ったときのことです。熱心なカトリックの信者で、評判の高い外科の医師が、診療所で一人の裸の少年を呼び出し、よく見るようにとわたしに言いました。まだ、五歳にもならない子どもでしたが、その子の膨らんだ腹部をさわってみてほしいというのです。この医師は涙声でわたしに言いました。「この子は栄養失調がこんなにも悪化しているので、どう見てもあと一か月以上は生きられないようです。この小さな空っぽのおなかは、わたしがいままで見たなかで、一番手の施しようがないおなかです」。

この「手の施しようもない」人間の飢餓という状況について、この医者のような現代知識人に何かを教え示すことのできるのは、この世に肉体をとった神に向かう、聖餐を中心に据えた礼拝のみであろうと思います。

渇きを鎮めるお方が渇きを訴える謎

この第五の御言葉について、不思議に思えることは、発言者である主イエスが、繰り返し、自分こそが最終的に「渇きを鎮める」存在であると語っておられることです。「わたしを信じる者は決して渇くことがない」とイエスさまはたびたび語っておられます（ヨハネ4・14、6・35）。「渇いている人は、わたしのところに来て飲みなさい」とも言われました（ヨハネ7・37）。「渇きを鎮める」人が渇きを訴えているのですよ？

この「わたしは渇く」というお言葉は、結局のところ、イエスさまが神的存在であるだけではなくて人間的なお方でもあったということを意味しているのみなのでしょうか。そんな単純なことではないと、わたしは確信しています。実は、「わたしは渇く」とおっしゃったところに、イエスさまが神であられることの中核が示されています。イエスさまは神であられる、父なる神とともにおられる、それゆえわたしたち人間とはまったく違ったお方でいらっしゃることが、ここでこそ、明らかに示されているのです。

義に飢え渇く神

神の義、神の御心の実現を求める人々

旧新約聖書においては、「渇く」という言葉はふつう、水が欲しいという以上のことを表しています。たとえば、福音書における「渇き」は、「憧れ望むこと」「追い求めること」「必死になって望むこと」を意味しています。

主イエスが、「山上の説教」の始まりのところで、祝福されたのは、一種の聖なる渇望でした。「義に飢え渇く人々は、幸いである」（マタイ5・6）。「天におけるように地の上にも、神の御心が行われるように」と、砂漠で一週間暮らしてきた人が水を欲しがるように、熱心に祈り求める人々は幸いです。詩編の作者も祈っています。「神に、命の神に、わたしの魂は渇く」（詩編42・3）。

若いころの山登りを思い出します。からからに乾燥した暑い日のことでした。山の中の長い道のりを歩いて、すっかりくたびれました。水はちゃんと用意してきていたのですが、一時間ほど歩くうちにみな飲み干してしまいました。のどの渇きを我慢しながら、さらに一時間ほど歩き続けねばなりませんでした。やっとのことで山中の谷川に辿り着いたとき、みんなが駆け足になり、小川に飛びこみ、押し合いながら川のなかに顔を突っこんで、じかに水を飲みました。まるでのどの渇いた野獣のように。いや、わたしたちは野獣そのものだったと思います。

そういえばホンジュラスの山村で、女性たちが険しい山道を、毎日毎日、家族の命を支えるため、必死になって水のいっぱい入った重いブリキの缶を背負って登っていくのを見ました。

ハリケーン・カトリーナがニューオーリンズに襲来したとき〔二〇〇五年八月に〕も、飲み水を求めて暴動が起こりそうになりました。責任者の将官がこう言いました。「飲料水を住民に配りそこなったら、水を求める人々はこの市全体を破壊するだろう」。

必死になって水を求めるように、神の義を渇き求める人々を、主イエス・キリストは祝福なさいました。神とともにいることを乞い求め、神の御心が天と同じく地にも行われるようにと祈り求めて、渇ききっている人々をこそ、主イエスは祝福されたのです。

ヨハネ19：28―29

安易な生活に満足するな

C・S・ルイス[*1]は、こんなことを語っています。わたしたちの大多数にとっての人生の問題は、わたしたちが悪い人間だからであるよりも、むしろわたしたちが「あまりにもたわいないうれしがりや」だからであるというのです。

わたしたちは、すぐにいまの生活に満足してしまいます。安易に自分の心境を調節し、現状に甘んじてしまいます。「渇く」ことがないのです。熱心にただひたすらに何かを求めている人は、未成熟だと言われてしまいます。成熟した人間は、一歩引き下がることを心得ています。バランス感覚に優れ、冷静に判断できます。わたしたちのほとんどが、人生のバランスを求め、平衡感覚と穏やかな満足感を追求します。

しかしこれは、ブッダの教えた道でしょう。イエスさまの道ではありません。主イエスは、神を追い求めて、野獣のように飢え渇いている人々を祝福されるのです。

あなたがたは、義を求めて渇いている人をご覧になったことがありますか。

わたしはあるとき、ペンシルバニア州のメサイア・カレッジで開催された「正義と霊性」という主題の研修会に出席していました。学者や学生が集まり、数日間議論を交わしました。聖書に書かれた正義の意味についての討論、イスラエルの預言者たちとその意義についての講義などが行われました。

二日目の終わりごろ、「パウロの手紙に見る義」という主題でパネル・ディスカッションが行われている最中に、大学二年の学生が座席から立ち上がって、大声を張り上げました。「皆さんは現在、イスラエルがパレスチナの占領地域でどんなことを行っているか、ご存じなのですか。わたしは、パレスチナのラマッラーから戻ってきたばかりなのです。われわれは、この会場に座ったまま正義について議論していますが、あの地でどんな苦しみがあり、どんな不正が現実に行われているかを語るために、一本の手が挙がることもなく、一言の発言もないのでしょうか」。

わたしたちは、「そのような感情的な発言は、学問の集まりには不適切です」と、たしなめました。「もっと理性的に話すべきですよ」とも言い、「主題をめぐるあらゆる側面から議論するべきで、どこか一方だけからの結論に早々と落ちつかないほうがいいですよ」とも、「一歩下がって、冷静に、興奮しないで、もっと知性を働かせるべきでしょうね」などとも、いろいろの説得を試みました。

しかしこの学生は、ますます荒れて、怒ったまま会場を去っていきました。何らかの正義のためになら、死もいとわないと言わんばかりに……神さまのみがお与えくださる一杯の水を求めて。

アウグスティヌスは言いました。「ですからわたしたちの心は、あなたのうちに憩うまで、安らぎを得ることができないのです[*2]」（これは、つまり、「渇き求めている」ということです）。

ここまで主イエスの十字架について考えてきたわたしたちは、もはや浅い水たまりで遊んでいる子どもではいられません。どんなに平静を装っている人物でも、イエスさまがわたしたちを沖合の深い水のなかに連れてきておられることに気づくでしょう。ここまで来ると、宗教の意味合いは、何か「スピリチュアルなもの」の領域を超えています。わたしたちを向上させてくれるもの、何かありがたい思想のようなものでは済みません。テーブルの周りに着席して、議論を交わし、数時間たって帰宅したら忘れてしまうようなものでは、もはやあり得ません。

ここまで来たら、宗教はわたしたちの全存在を捉えます。わたしたちを使いつくします。打ち倒します。死に際の苦しみの言葉をわたしたちに要求します。そう、主イエスは「わたしは渇く」と言われるのですから。

わたしたちの心の奥底には、渇ききった砂漠のようなところがあり、この渇きは神によってしか癒されません。活きた神によるしかないのです。神の子であるイエスさまが、渇きの頂点で、深い苦悶に陥っておられる様子を見て、人々は葦の棒の先に海綿をつけて酸いぶどう酒に浸し、主イエスに飲ませようとしました。[*3]

しかし、主イエスの渇きは、水を求めての渇きだけではなかったのです。深遠な、祝福された渇きです。神の御心が、天と同じく地でも行われますように、神の義が完全に実現されますように、と祈り求める聖なる渇きです。この渇きが癒されるには、血に満たされた救いの器を天に向けて持ち上げ、祝福して一滴も余さず飲み干すしかありません。

イエスさまは「わたしは渇く」と言われる

わたしたち人間を求める神

しかし、十字架上のイエスさまは、わたしたちの渇きについて、あるいは、わたしたちの飢えについて発言なさったのではないかもしれません。イエスさまは「わたしは渇く」とおっしゃいました。皆さんの渇きでもない、わたしの渇きでもない。イエスさまが、「わたしは渇く」と言われるのです。全能の神であられる方、神の御子であられる方が「のどが渇いた」とおっしゃるのです。それなら、からかってやれとばかりに、兵士たちは海綿に浸して、酢を差し出しました。

いやそれどころか、さらに考えてみると、主イエスの渇きは、水を求めてのものではまったくなかったのかもしれません。義のために、渇いておられたのかもしれません。わたしたち人間を求めて渇いておられたのかもしれません。このことは、福音書の正当な要約ではないでしょうか。神がなさったことは、すべてわたしたちを求めてのことだったと？　神のご決意は――天地創造から、預言者の言葉、律法の教え、主キリストの誕生に至るまで――わたしたちのそばに来てくださることでした。鎮まることのない神の渇きは、わたしたちを得ようとする渇きなのです。こんなわたしたちをも。

抽象化、一般化を拒む神

わたしたちが、「神」というとき、どんな神さまを考えているのでしょうか。人格を持たない単なる力のようなお方でしょうか。わたしたちから十分に隔たった天におられる永遠の存在であり、自然の法則にしたがって、巧みに注意深く管理する中央政府の官僚のようなお方でしょうか。そんなお方を連想しておられるなら、とんでもないことです。わたしたちの神は、力強く、確実に、人格を持った神です。

イスラエルの神であり、教会の神であられるお方は、断固として、抽象化、一般化をされることを拒否なさいます。聖書において、神はお怒りになります。御心をお変えになります。脅迫をなさいます。約束され、罰せられます。人格を持つ者のみがすることです。そういうことをするのは、つまりそこに、固有の価値観があるという徴《しるし》です。とはいえ人間中心的な、卑しい不完全さの徴ではありません。

神は人格を持っておられるという、このことは、わたしたちキリスト者が、「イエスは主である」とか、「イエスは神の独り子である」と告白するときに、言おうとしている事柄の一つです。つまり、この神は、びっくりするほど、個性的であられ、わたしたちの身近におられ、いま生きておられるのです。しかも、だからと言って、父の偉大なる神性を、いささかも傷つけることにはならないのです。

これほどまでに人間に近づく危険性を回避する神々もあります。わたしたち人間は、世に来る「救い主の候補者」を殺そうとする傾向にあります。人間は自分の神々になりたいので、人間を支配しようとするものが他にあれば、厳しく排除しようとします。だからこそ、大半の「神々」は、抽象性と一般化を図って、人間から距離を置こうとするのです。

この神、イスラエルと新約聖書の教会の歴史をとおして、わたしたちが三位一体の神として知っているこの神は、偉大な神であられるので、人格を持ち、身近で、現実に存在することが、完璧におできになるのです。この神には、バランスとか遠慮とかはまったくありません。わたしたちを求めて飢え渇いておられます。わたしたちのためにご自身のすべてを投入してくださいます。その思いを貫いてわたしたちの近くに来られます。現実のわたしたちに神がぴたりと寄り添ってくださるのは、実に、十字架においてなのです。

キリスト者たちが、神は超越しておられると言い、まるで、わたしたちから遠く離れた方であるような表現をするとき、言い表そうとしているのは、実にこのことなのです。隠れた神という表現は、正確には、すぐそこで、十字架において、神がご自分を啓示なさっていることを示しているのです。わたしたちの神が、わたしたちの予測するような神々と違っているからこそ、神はわたしたちの目には隠れた方になってしまうのです。十字架の上におられる神が、わたしたちの目に見えなくなるのは、わたしたちの思いこみがあるからです。もし本当の神がおられるとすれば、その神はずっと遠くにおられるはずだという思いこみ。まさか、目の前におられるとは。裸で、人前にさらされて、十字架にかけられて……。

わたしはさっきからずっと主張しています。イエスさまの「わたしは渇く」というお言葉は、神がどれほどまでにご自分をわたしたちに与えることがおできになるかを示すもう一つの方法なのだと。

どこまでも追いかけてこられる神

ですから、詩編第23編において、詩編作家はこう言いました。従来の訳〔例えば文語訳〕では、「わが世にあらん限りはかならず恩恵《めぐみ》と憐憫《あはれみ》とわれにそひきたらん　我はとこしへにヱホバの宮にすまん」となっていましたが、「そひきたる」〔口語訳では、「伴う」〕と訳されることの多いこのヘブライ語の動詞は、「追う」と訳してもいいことがわかりました。というよりもこの語は、旧約聖書の他の個所では、例えば「わたしたちの敵がわたしを追う」のように、しばしば「追う」と訳されています〔新共同訳では、「恵みと慈しみはいつもわたしを追う」〕。

この訳語の変更は、神の恵みと慈しみに違った色合いを投ずることになるでしょう。「そいきたる」なら、「恵みと慈しみが一歩下がってあなたについてくる」感じです。けれども「追う」ならまったく別で、「ストーカー」かもしれない、つきまとう意味が出てきます。「ようやっと自分で自分の人生を生きられると自信をつけたあなたを、恵みと慈しみが追い回し、隅にまで追い詰める」という感じになります。あなたが、自分でゆとりを持って、自由な人間として、自分の足で丘に登ったと思うと、なんと恵みと慈しみが血まみれの十字架からあなたに襲いかかろうとしているのです。

人間はどんなに真剣に努力しても、神のみもとに登りつくことはできません。そこで神は何をしてくださったでしょうか。あの聖金曜日の驚くべき行動をとられ、身を低くして、わたしたちのもとまで降りられ、わたしたちと一つになられたのです。

神が身を低くされる物語は、実にクリスマスから始まります。そして十字架の金曜日に終わります。わたしたちは考えました。わたしたちと神さまとに交渉が始まるからには、まず、人間のほうから神に向かって、何らかの形で身を起こさなければならない。すると、神が人間に向かって降りてこられました。十字架のあるところにまで降りてこられ、さらに驚いたことには、地獄にまで、その深みにまで降りてこられました。罪を知らないお方がわたしたちの罪を身に負い、それによってわたしたちを罪から解放してくださいました。神は、いまも身をかがめ、手を差し伸べておられます。あなたがたの人生においても、また、わたしの人生のただなかで。これこそ、神が身を低くされる物語です。

愛すればこそ苦しむ神

ゴルゴタの丘への道を歩まれる前に、主イエスは弟子たちにお尋ねになりました。「あなたがたはこのわたしが飲もうとしている杯を飲むことができるか」と。わたしたちの答えははっきりしています。もちろん、「ノー」です。主イエスの杯は十字架と死の杯にとどまりません。それは、主がわたしたち人間とかかわろうとなさるからには、どうしても飲まなければならない、血の杯でした。

どんな神でも、ひとたび人間の現実の世界に入りこまれるならば、つまり、人間を追い求めて渇いておられるならば、苦痛を怖れないほうがよいでしょう。それこそは、人間たちが救い手に会えば必ず行う仕業だからです。人間を愛そうとする神であれば、そのために命を捨てるお心構えが、必要なのです。

チェスタトンもこう書いています。「真の愛を説く者は、必ずや憎しみを生まずにはおかぬ……真の愛はいつでも流血に終わる」[*4]。

ヨハネによる福音書には、初めのほうにこう書いてあります。「言葉、つまり、永遠のロゴスが、肉となって、わたしたちの間に交じって動き回られました。それで、わたしたちは彼の栄光を見ました」（ヨハネ1・14、敷衍訳）。いま、神の言葉である方、神の救い主である方は、向こう見ずな行いの結果を知ることになります、十字架の上で。イエスは言われます。「わたしは渇く」。あなたがたと祝宴の席につきたいと願っている」と。さらに、こう言われます。「見よ、あなたが直視するなら、わたしがどこへ行くのか、あなたは知っている」[*5]。

数年前に、スウェーデンのある神学校でわたしがいくつかの講義をしたとき、神学生のひとりがこんな質問をしました。「神のもとへ行く唯一の道はイエス・キリストだということを、あなたはほんとうに信じていますか」。

わたしは、考え、考え、このように答えました。「いま言えることは、これだけです。あなたが、〔わたしのようにアメリカ南部の〕サウスカロライナ州で生まれ、ジョージ・W・ブッシュ[*6]のアメリカに住んでいるなら、答えは『はい』になります。わたしのような人間にとって、神に近づく道は、人間ひとりを救うために、流血をも苦難をもいとわず、身の毛もよだつような衝撃と恐怖とを引き受けてくださる、ひとりの救い主以外にはあり得ません。人あたりのいい、調和のとれた救いの主は、わたしのような者を救えそうもありません。必要なのはイエスさまのような異常な人物です。わたしたちは、自分たちの生存が脅かされた場合には、すさまじく、異常なまでに、残酷で血に飢えた民族になってしまうことを世界に証明してしまいました。わたしたちは、地上に現れた救い手たちを虐殺してきた歴史を有しています。ですから、このイエスさま以外に、神に近づく道があると考えることは、わたしにはできません」。

この日、神は十字架というこの困難な状況に自ら立ち入られました。と言うのも、わたしたちを求めて、いまも「渇いて」おられるからです。

＊１　一八九八―一九六三年。イギリスの文学者、小説家、神学者。「ナルニア国物語」シリーズなどの児童文学、『悪魔の手紙』などのキリスト教解説書で知られる。「あまりにもたわいないうれしがりや（too easily pleased）」という表現は、ルイスの有名な説教「栄光の重み」の冒頭部分にある（西村徹訳『C・S・ルイス宗教著作集８、栄光の重み』新教出版社、一九七六年、六ページ）。

＊２　アウグスティヌス『告白』の冒頭の一節。

＊３　マタイによる福音書第27章48節、マルコによる福音書第15章36節、ルカによる福音書第23章36節、ヨハネによる福音書第19章29節

＊４　福田恆存・安西徹雄訳『チェスタトン著作集１』「正統とは何か」春秋社、一九七三年、二四一ペー

ヨハネ19：28—29

ジ

＊5　ヨハネによる福音書第14章4節参照

＊6　第四三代アメリカ大統領、二〇〇一―二〇〇九年在任。一九四九年生まれ。

第6の言葉

祈りによる問題提起

神さまにしてほしいことは？

主よ、今日わたしたちの必要とするものは、次のとおりですから、直ちに、または手に入れられる時が来ればなるべく早く、わたしたちにお与えください。わたしたちが必要とするのは、世界平和です。繁栄です。安全です。危険のない生活です。苦痛を伴わない喜びです。自己犠牲なしの幸福です。十字架なしの弟子入りです。こういった必要を満たしていただくために、わたしたちは教会に来ています。わたしたちの教会は、「ご利用者本位」であり、「求道者優先」であろうと努めています。ですから日曜日の朝、礼拝前にエスプレッソコーヒーを、少量のリキュールで味付けして提供しています。少々のカフェインが、わたしたちを元気づけてくれ、礼拝の中心部まで、元気を保たせてくれるでしょう。礼拝の中心は、なんといっても、課題祈祷の時間です。

先ほども少し申したように、わたしたちに必要なものは、具体的に例を挙げれば、胆のう切除手術からの早い回復です。痛みなしでの白内障の手術の成功です。幸せな結婚生活です。親の言うことをよく聞く子どもたちです。毎朝ベッドから起き出していくための目的です。主よ、あなたはわたしたちを愛してくださっていますから、必要を満たしてくださるでしょう。

神さまのためにできることは?

では、わたしたちがあなたのためにできることがあれば、お教えください。あなたは、渇いておられますか。しかし、あなたは救い主ですから、神聖な飲み物はあなたご自身で準備なさることでしょう。わたしたちにはわたしたちなりに必要なものがたくさんあります。主よ、感謝します。わたしたちの仕事は要求を提出すること、あなたのお仕事は要求をかなえてくださることです。

わたしたちは祈ります。以上の要求と、そのほかもろもろの要求のために。口に出すもの、出さぬもの。必要と感じるもの、まだ感じないもの。今はきざしだけのもの、すでに明らかなもの。個人的なもの、共同のもの。すぐ必要なもの、長期的に必要なもの。……これらすべてのために、わたしたちは祈ります。アーメン。

成し遂げられた

ヨハネによる福音書第19章30節

完成と決着の言葉

六番目のお言葉は降伏の言葉だろうか

第六の御言葉は、完成と決着の御言葉「成し遂げられた」です。この言葉は「すべては終わった」と訳すこともできるものです。[*1] ですから、十字架上のイエスさまが発せられたこの言葉を、絶望的な降参の言葉だとか、弱まりゆく体力のなかでの最終的な降伏の言葉であるとか、読み取ることもできるのです。つまりは、「参った」の一言であるとも。

十字架にかけられた犯罪者の多くは、死ぬまでにもっと長く苦しんだようですが、主イエス・キリストも十字架上で、苦しみのうちに闘いの時を過ごされました。もしかすると、この言葉はついに敗北を認めた絶望の言葉であったと読めるかもしれません。

降伏には利点もあります。しばらく前に、株式市場のアナリスト（分析官）の話を聞いたことがありますが、この人によると、損失を出し始めた株を売ることは、よほど勇気のある投資家でなければできないというのです。ほとんどの投資家は、恒常的に損失を出している株に執着して、なかなか売ることができない。それは、お金を損している苦痛に耐えるほうが、そもそもそんな株を買ってしまった自分の愚かさを認める苦痛よりもましだからだそうです。ほんとうに頭のいい、勇気のある、いさぎよい投資家のみが、いつ手じまいをするか、いつ降伏するか、いつ、自分の失敗を認めるかを判断することができるそうです。イエスさまが、ここでなさったのは、これと同様の判断だったのでしょうか。

イエスさまはちょっとした社会運動のキャンペーンをして、その活動の終わりを迎えておられるのでしょうか。自分なりに良いキャンペーンができた。できるだけのことはした。もしかして、最初に弟子を選ぶときにもっと慎重にやっていたら、もう少し有能な連中を集められたかもしれない。ローマのユダヤ総督ピラトともっと協調的に付き合っていたら、もう少し長続きして、もう一歩先に進んだ運動になれたかもしれない。しかしいまや、キャンペーンは終わった。「すべてが終わった」と言うのでしょうか。

達成し、完結したというお言葉

しかしながら、わたしには、この御言葉、第六のお言葉、最後から二番目のお言葉が、ちょっと違ったふうに聞こえます。わたしはこの言葉を、達成および完結の言葉として聞きます。ミケランジェロがシスティーナ礼拝堂の天井画の最後の一筆を描き終えたときに発したのも、これと同じ言葉でした。

主イエスは、力を尽くしてよく闘ってきました。そして十字架のまわりにいる、ローマの兵士たち、ユダヤ人の政治家たち、大勢集まって騒いでいる群衆がどう思おうと、主イエスはなすべき務めを成功裡に「成し遂げ」られたのです。イエスさまの弟子たちでさえ、疑っていたかもしれませんが、しかし主イエスは仕事を完成なさったのです。

イエスさまは、「わたしは終わった」とは言わず、その仕事が「成し遂げられた」とおっしゃいました。主イエスのお仕事は完成されました。

彼が自らをなげうち、死んで
罪人のひとりに数えられたからだ。
多くの人の過ちを担い
背いた者のために執り成しをしたのは
この人であった。（イザヤ書53・12）

イエスさまが死なれたのは、失敗した革命家だったからではありません。イエスさまの死こそが革命だったのです。

ヨハネ19：30

十字架上で成し遂げられたこと

数年前わたしは、牧師の「燃え尽き症候群」についての本を書きました。牧師を「やめた」という人たち十数人にインタビューを行いました。そのなかのある方は「牧師の仕事で一番体にこたえることは、仕事に終わりがないということなんですよ」と言いました。いつもいつも、「書かなきゃならない説教がもう一本ある。読まなきゃならない本がもう一冊ある。訪問してカウンセリングをしなければならない傷ついた信徒が、もう一人いる」と言うのですね。

「わたしはペンキ屋さんがうらやましい」と別の元牧師は言いました。「だって、自分の仕事の完成した姿を見ることができるのですからね。『でき上がった！』と明言できるのです」。終わりがあるということは何という喜びでしょう。これは完成した、もう済んだ、と言えるのです。

大学の教員という仕事のもっとも魅力的なひとつの点は、ここにあります。卒業式です。どんな惨めな一年であったとしても、どんなに大勢のひどい学生に、ひどい講義をしたり、教えたりしてきたとしても、五月になれば、その日が来ます。「成し遂げられた」と喜んでいい日が。

この日、一つの仕事が成し遂げられようとしています。この仕事の初めには、イエスさまは喜んで取りかかろうとは、なさらなかったようでした。ゲツセマネの園では、「この杯を取り去ってください」と祈っておられました。主イエスは死にたいと思ってはおられなかったのです。しかし、この道が父なる神の御心であるとはっきり知ったときに、子なる神は、父なる神と聖霊なる神と一体であられる方として、ためらわずに十字架への道を歩まれました。

子なる神は、十字架の苦しみを何一つ回避せずにお受けになりました。ご自身の前に備えられている苦難を真正面から受けられました。そしていま、すべてが成し遂げられました。これから間もなく、長い沈黙の時が来ます。説教者中の説教者と言うべきお方、世の大多数に異論を突きつけてきたお方の説教も、ここで終わりを迎えます。

エデンの園から始まった問題

わたしたち人間と神さまとの間で交わされてきたあの取り引き、エデンの園で始まったあの不愉快な関係、わたしたちが自分で自分の神々になろうとするあの傾向、わたしたちの反逆、わたしたちの手の付けられないほどの傲慢さ、わたしたちの罪、これらすべてについて、いま神がわたしたちに語ろうとなさっています。それも、言葉によるのでなく、一つの行動によって。

イエスさまは、わたしたちがついに自分ではできなかったこと、何度もしようと思いつつ、結局はできなかったこと、それをわたしたちのためにしてくださろうとしています。いま、わたしたちが学ぼうとしているのは、次の事実です。ほんとうに神の弟子となることは、わたしたちが何かをすることによって始まるのではなく、神がすでにわたしたちのためにしてくださった何かによって始まっているのだということです。

この神は、ご自分で決意され、動き出され、行動され、苦しまれ、終わりを迎えられ、成し遂げられます。これに対し、わたしたちが教会で耳にする神は、飼い馴らされた、軟弱で理神論的な神です。しかも、こういう親しみやすい神こそは現代のプロテスタンティズム主流派教会がおもに信奉している神なのです。この両者の神の違いは何と大きいことでしょう。

現代人の作り上げた神は、創世記第1章で世界を創造なさると、すぐに引退なさる神です。わたしたちが普通に出会える神は、せいぜいその程度の神にされてしまっているのです。

理神論的な神は、人にやさしく、ケアも十分に心がけてくださる神かもしれません。しかし自分から行動する神ではないのです。わたしたちの祈りを聞いてごらんなさい。その祈りの大部分は、わたしたち人間の願いなのです。つまり、こんなお祈りです。

「主よ、わたしたちが住みよい世界を作るために果たすべき責任を教えてください。わたしたちのなすべき義務を並べてお見せくださり、世界を正しい世にするための勇気をお与えください」

わたしたち現代人は、祈りにおいて神を煩わすことがなくなりました。なぜなら、いまや、わたしたち自身がわたしたちの神々であるからです。

ある友人が、ルカによる福音書第1章に掲載されている「マリアの賛歌」について、面白いことを言っています。マニフィカートとも呼ばれる主をあがめる歌ですが、その賛美の祈りはすべて過去形で語られていると言うのです。「わたしの魂は主をあがめます、……この主のはしためにも目を留めてくださったからです。……力ある方が、わたしに偉大なことをなさいましたから。……思い上がる者を打ち散らし、権力あるものをその座から引き降ろし、身分の低い者を高く上げられました。……」（ルカ1・46―52より）。

マリアは神さまが本当に行動なさることを確信していました。神が断固たるご意志をもって、いままで人間がだれ一人としてできなかったことを、わたしたちのためにしてくださったと、揺るぎなく信じていました。だからこそ、マリアは確信をもって過去形で語ることができたのです。

人間には見えない仕事の完成

主イエスの死による洗礼

「わたしは羊のために命を捨てる。……だれもわたしから命を奪い取ることはできない。わたしは自分でそれを捨てる。わたしは命を捨てることもでき、それを再び受けることもできる。これは、わたし

ヨハネ19：30

が父から受けた掟である」（ヨハネ10・15、18）

主イエス・キリストが成し遂げようとしておられるお仕事は、わたしたちには見えません。この場で見えるのは、恐怖と流血と、敗北と死がすべてです。わたしたちが十字架上に見るのは、最後の姿、終わり、敗北、それだけです。しかし、それにもかかわらず、そこには、何か壮大なもの、輝かしいものが、実現されつつあるのです。わたしたちには、何もする必要がありません。神の前に自分を正しく見せようとして、忙しく右に左に動き回ることはないのです。そこに沈黙して座り、主イエスが死んでゆかれつつ、なさる仕事を見つめるのです。そこですべてが、「成し遂げられる」のですから。

ずっと以前に、エルサレムに向かう道すがら、主イエスはこうおっしゃいました。

「しかし、わたしには受けねばならない洗礼がある。それが終わるまで、わたしはどんなに苦しむことだろう」[*2]

そのときには、わたしたちは、主イエスが何を話しておられるのか、まったく見当もつきませんでした。いま、わたしたちは知ります。主イエスはご自分のお仕事の、遂行、完成、成就について語っておられるのです。主はご自分の死を語っておられます。いまや、「主の死による洗礼」が成し遂げられたのです。

福音書のなかで描かれる主イエスは、古代の教師たちや説教者たちのなかでも、もっとも活動的な、諸方に歩き回る人物として描かれています。この人はいつも動き回っておられ、ひとところに長くとどまることはほとんどありませんでした。ここでのお言葉、あそこでの物語、そしてすぐ別の場所へ。しかし、その主がいまは静かです。静止しておられます。

勝利の御言葉

イエス・キリストの、「成し遂げられた」(あるいは「すべては終わった」)というお言葉は、どのようにして発言がなされたのでしょうか。

わたしにはこれが、「敗北」の言葉として話されたとは、どうしても思えません。自分は全力を尽くしたが、今や力尽きた、あきらめる、死を迎える……そんなお言葉でしょうか。いや、「勝利」のお言葉です。……自分は戦いを戦い尽くした。サタンに正面から立ち向かって倒した。いまや、わたしの仕事は徹底的に完遂された。イスラエルの罪を背負うべき犠牲の山羊は、荒れ野においやられて死なねばならなかったが、今や「神の小羊」となって、神の玉座に呼び戻され、全世界の罪の贖いを成し遂げている……。

使徒パウロが言うとおり、罪を知らないただ一人のお方が、わたしたちが神の義となるためにと、わたしたちの罪すべてを引き受けることにされたのです(一コリント１・30)。この意味深い思想について、わたしに説明を求めることはしないでください。これを隅から隅まで理解する必要はなく、この日、その場に座って、主イエスの十字架を見つめることが求められているのです。

聖餐式のお祈りのなかでわたしたちがかつて唱えていたように、「彼はそこでわたしたちのために、十分な、完全な、欠けることのない、全世界の罪のための犠牲を、おささげになった」のです。

ずっと古い時代にわたしたちとともに始められた仕事をいま、神が完成されました。神は最初から御心を決めておられました。世界を創造されたときから、ありとあらゆる方法で、わたしたち人間を愛してくださり、わたしたちのそばに立ち戻ってこようとされました。それをいまや神はなされたのです。それは「成し遂げられた」のです。

神の子が十字架にまでくだり給うた

よく聞いてください。「目的主導」の教会を目指す皆さん、上昇志向の皆さん、目標を定めて着実に実現していくことを志す皆さん。主イエスは、わたしたちには実現できないことを実現されたのです。

わたしたちは、神のみそばにまでよじ登ることは不可能なのです。ですから、神がわたしたちのレベルにまで「よじ降りて」くださったのです。この、十字架という高さにまで、血を流し、世の不正をすべて身に受けるまでに。神はご自分で始められた御業をついに完成されたのです。「成し遂げられた」のです。

ではいま、わたしたちが成すべきことが、何か残されていますか。ひとつもありません。

今日この日の教えとして学ぶべきことが、何かありますか。ひとつもありません。

日が暮れるまでに神のためになすべきことが、何かありますか。ひとつもありません。みなさんは、主イエスのお言葉を聞きそこなったのですか。「成し遂げられた」というお言葉を。

Ｃ・Ｓ・ルイスの書いた物語を思い出します。『天国と地獄の離婚』[*3]という本のなかの一つのエピソードです。一人の主教〔ビショップ〕が亡くなりまして、ある見知らぬ土地でバスを降ります。だれかが彼に言います。「天国へよくおいでになりました」。

自分を案内してくれるらしいその人に、主教は自己紹介して、それから質問します。「これから集まる会合はどこで行うのですか」（ビショップと呼ばれる人は、会合に次ぐ会合で、会合依存症になるもののようです）。答えは、会合なんてありませんよ、というものでした。

「だがね、会合はなくてはならんはずだよ。なすべき仕事はあるはずだ。わたしたち責任ある者が果たすべき責任があるだろう。会合はいつ始まりますか」。

会合はありません。なすべき仕事もありません。果たすべき責任もありません。すべて成し遂げられています。終わっています。完成されています。神がわたしたちのために、すべて済ませてくださいました。

この物語では、この主教は再度バスに乗って地獄へ向かいます。そこに行って仕事がしたいのです。忙しく働きたいのです。天国は祝福された休息の場所です。ところが地獄は、忙しい仕事が決して終わらない場所なのです。

礼拝で宿題を出す教会

正直に言いますが、わたしが教会の家族のことを考えるとき、メソジスト教会のことですが、頭に思い浮かぶイメージは、会員の皆さんがメモ帳を持ってきて、この一週間の課題を書きとめているという情景です。

「教会員の皆さん、今週は、人種差別の問題について、性的差別について、道徳的行為について、あなたなりに考えてきてください。来週も忘れずに来てくださいね。新しい宿題を出しますから……」

これでは、礼拝に来る人が、来たときよりも憂鬱で重苦しい顔つきをして帰って行かれるのも、無理はありませんね。

すべてがわたしたちにかかってしまいます。神と人間との取り引きにおいて、責任を負うのは、わたしたち人間です。さもないと負債は片付きません。すべてが人間の側にかかってくるのです。

以前、人気者のある説教者の説教を読みました。説教題は「礼拝からもっと豊かな恵みをいただくには」というものでした。この説教者は、礼拝があなたの魂において起こるための八つのルールを提示しました。一例がこれです。「あなたが礼拝から受け取る御恵みは、あなたが礼拝において提供するのと同じだけの分量になります」。

礼拝において神さまが何をしてくださるのか、ほとんど言及されていません。すべてが人間の行動に尽きています。

大祭司イエスはお座りになった

ヘブライ人への手紙で、天におられる偉大な大祭司は、十分で完璧、最終的な犠牲を献げたのち、「永遠に神の右の座に着き」なさったと書かれています（ヘブライ10・12）。

聖職者の大半は多忙です。善行を施し、講壇と会衆の間を何度も往復し、聖金曜日には、三時間の礼拝を行い、イースターの日曜日の準備を整え、会衆と神との結びつきをさまざまに手助けしています。ところが、ヘブライ書によれば、わたしたちの大祭司、主イエスは、これらのすべてを行われた後に、席に着かれたのです。着席されたのは、すべてを成し終えられたからです。

世の人々がもし、イエス・キリストの十字架が、屈辱と敗北の徴《しるし》ではなくて、神の最大の勝利を示すものであると知るならば、ほんとうに知りさえするならば、世界は神と和解できるのです。

さて、ミツバチのように働き者のわたしたち罪人は、大変忙しく動き回っております。霊的な実践活動に、宗教的な礼拝儀式に、目的主導の教会活動に、道徳的な実践にと（三時間もかかる受難週の礼拝に、しかも金曜日に、参加しようという人は、それだけでも良い人間になることを自力で達成しているのでしょうか）。この忙しい現代人はいま、座るようにと命じられ、沈黙して、この方が神であることをよく知って、彼の仕事をわたしたちのために完成してくださったその不思議さを賛美するようにと期待されています。

この日わたしたちは、神の前に正しくふるまえる人間になろうと志して教会に来ました。ところが、この教会で命じられたのは、黙って、座って、聴くことでした。

エデンの園で始まった、わたしたちと神との取り引きは、まずわたしたちが自分の意志を神のご意志よりも大事にすることから始まりました。ここから神への反逆がスタートして、一度も振り返ることなく、このとんでもない取り引きを続けてきました。その間、何千年もの間、神から顔を背けておりました。しかし主イエスが十字架におかかりになったこの決定的な日に、すべてが修復されました。

というわけで、こんなにも一生懸命に霊的に忙しく働いている方々よ、心配事でいっぱいの目的主導の善行活動家たちよ、いま、聞いてください。わたしたちと神との悲しい取り引きは、神によってのみ、終わりを告げることができるのです。わたしたちの借財は大きくなりすぎていて、返そうと思っても、とうてい返済できません。

そこで、いいニュースです。戦闘は終わりました。戦争に勝ちました。借金は払ってもらえました。すべては「成し遂げられた」のです。

＊1　英語訳では、欽定訳で“It is finished.”ＲＳＶ（改訂標準訳）でも“It is finished.”ＮＥＢ（新英語聖書）では“It is accomplished.”となっています。対応するように、日本語の文語訳では「事畢《ことおは》りぬ」、口語訳で「すべてが終った」、新共同訳で「成し遂げられた」です。
＊2　ルカによる福音書第12章50節

＊3 『天国と地獄の離婚――ひとつの夢』 C・S・ルイスの小説。一九四六年刊行。アレゴリー（寓意物語）形式の小説である（柳生直行・中村妙子訳、新教出版社、二〇〇六年）。この本に登場するイギリス国教会の主教（ビショップ）に、アメリカのメソジスト教会監督（ビショップ）であるウィリモンは共感を寄せている。ルイスの小説のなかに「会合はどこ」という会話はないが、この主教が会合のある場所を求めて地獄に戻っていくというプロットは、ウィリモンの書いているとおりである。「私は戻って、金曜日に論文を発表しなければならないんだよ。下の町には小さな神学会があってね」（六六ページ）。

第7の言葉

祈りによる問題提起

知れば知るほど理解の危機が

主イエスさま、わたしたちはこの本を読み、説教にも注意深く親しみ、「問題提起」も書き留めてきました。それによって、あなたの犠牲とわたしたちの贖罪について、ひととおりの把握ができるようになったと思います。

しかし主よ、あの日の出来事の不思議さ、目撃された十字架上の生々しい流血、神の子が十字架にかけられるという不条理さ、七つのお言葉のいくつかに見られる微妙な食い違い、これらを知れば知るほど、本当の理解に危機が生じます。

なぜだろうと、わたしたち現代人は問います。問いには答えがあるはずだと思っています。しかし、この最後の場面にきても、まだ十分満足できる答えは聴いていません。答えがなくては、うちに帰れませんよ、主なるイエスさま。

わたしたちが知識を得たいのは、世界を秩序立て、謎に答えを与えて筋道を通し、ラベルを貼り、ファイル・ボックスに入れて、いつでもプレゼンテーション用ソフトウェアで発表できるようにしたいからです。そのような知識によって人生に立ち向かいたいのです。われわれにとって、知識とは管理です。そして人間は、世界が管理されていることを望むのです。

人間はあらゆることを説明できるのか

主なる神よ、あなたは、人間を知覚能力のある存在として創造されましたよね。人間に、概念化する能力をお与えになり、物事を筋道立てて考える才能を授けてくださったと思います。別に威張るつもりはありませんが、わたしたち人間は、世のあらゆることを説明できる才能をよく発揮してきたと感じます。あなたも、そうお思いになりませんか。わたしたちは、世のあらゆることを、認識論（エピステモロジー）によって解説できるような、信頼できる方法論を手に入れています。

ですから、わたしたちは、大きな教会になるためのいくつかの「カギ」を指し示すことができます。人生の本当の意味をしっかりと捉えることができます。キリスト者の信仰の九つの基本原則を明言できます。成長する教会の六つの目標も、死ぬ前に思い出したい三つの重大事項も語れます。幸せな結婚の秘訣も、より良い明日への近道も、見つけられます。こちらからあちらの世界へ、だれにでも簡単に渡れる方法もあります。聖書解釈のややこしい議論でさえ、一言で相手を黙らせる方法を、わたしたちは手に入れることができるのです。わたしたちには何でもできます。できると信じてさえいるならば。

主イエスよ、感謝します。わたしたちが生きているのは成熟した進歩的な文化です。わたしたちがよく知っている、カリフォルニア州のパサデナとかイリノイ州のペオリアのような進んだ文化、いやというほど知っている文化のなかで生きていける幸せを感謝します。アーメン。

説教後の祈り（本書の結びとして）

主よ、そうは言っても、もう一度よく考えてみます。わたしたちにすべてが解明できるのなら、すべてを説明できるのなら、十字架の神秘を捉え切れるのなら、ああ、もしそんなことができるのなら、わたしたちにはあなたにあっての信仰が不要になるでしょう。

ですから主よ、事実そうであるように、あなたは、わたしたちの説明を超えたお方であってください。救い主であってください。最終的解明に達したいなどという欲望から、わたしたちを引き戻してください。人間の最善の自我、それは同時に最悪の自我であるのですが、そんな自我から救い出してください。人間は罪に深く捕らわれていますから、自力では自我から離れられないのです。

ああ主よ。立ち上がってわたしたちを救い出してください。そのためにどんなことをなさらねばならないのだとしても。アーメン。

父よ、わたしの霊を御手にゆだねます

ルカによる福音書第23章46―49節

わたしの命の持ち主は

「この生命誰のもの」という演劇と映画

一九八一年に、リチャード・ドレイファス主演で映画にもなった、有名な舞台劇があります。「この生命《いのち》誰のもの」（原題 *Whose Life is it Anyway?*）です。[*1]

「この生命誰のもの」という題に対するこの演劇の答えは、むろん、「神よ、わたしの命はわたしのもの、わたしのものである」となるはずです。しかし、皮肉なことに、劇中で主人公の彫刻家が、自分の命は自分のもので、他人が勝手に取り扱ってはならないと怒りをこめて主張すればするほど、まさに劇的に目の前に迫ってくるのは、わたしたちの命は、決して自分のものではないし、自分のものであったこともないという事実です。まさに死があるからです。

究極的に、死こそはすべてのものからわたしたちを引き離します。わたしたちが自分のものとして誇っているすべてが、単なる幻影にすぎないことを明らかにします。イエスさまの譬え話の一つに、神さまを夜中に忍びこんでくる盗人にたとえたものがあります。家の主人が安全だと思いこんで寝ているときに、神が来られて、持っているものをすべてお取り上げになるというのです。[*2]

神のイメージとしては、確かに、快適なものではありません。しかし、この譬えには真実があります。最終的に神は、わたしたちが持っていると思うものをすべて取り去られます。恵みをもってわたしたちに命を与えてくださったお方は、わたしたちが予期していないときに命をお取りになるお方なのです。だれも他人の持ち物を断りなしに奪い取る権利は持っていませんが、その持ち物が、もともと奪い取る側の所有物であるのなら、話は別です。

わたしの命はわたしのものではない

最近、我が国の高等教育〔大学教育〕についての協議会が行われました。一人の女性講師が、学生たちの道徳心の向上について話して、高等教育の目標は、「何事をも、自分自身の所有物とする技術」の涵養にあると述べました。「わたしたちは、車を持ち、家を持っています。それなら、自分の命をも持っていると考えるべきではありませんか」。

わたしはこれを聞いて、これこそはアメリカの高等教育の破綻を正直に白状している発言だと思いました。知恵を求めるはずの四年間の研鑽が、「より賢い消費者になること」の訓練でしかなく、大学に通うのは、自分の命は自分のもので、思いどおりに活用してよいという幻想を養い育てるためだと言うのです。

教会は、その本領を発揮するときには、このような発言が偽りであることをよく知っています。教会は、わたしたちの生きる命が自分のものではないことを思い出させてくれるところです。わたし自身が子どものときから通っていた教会は、折に触れて「自分の命を神にゆだねなさい」と教えてくれました。教会学校の礼拝があり、説教者が説教すると、わたしたちは立ち上がって、「主よ、わたしの命を手にとって、あなたのための聖なるものとなさってください」〔Take my life and let it be consecrated, Lord, to Thee. 『讃美歌21』512番の歌詞〕と歌っています。つまり、人間に「献げます」という決断は不要なのです。神さまはわたしたちの命を取ることも、受けることもなさいません。もともと神さまのものだからです。

先日、ある牧師に電話をかけました。監督であるわたしはこの方に転任を命じたのですが、もともと少ない謝儀からさらに年間七千ドルの減収になる見込みなので、慰めの電話をかけたのです。

「あなたの賜物にふさわしい教会だと思うのですが、役員会もわたしも、あなたの給与については残念に思っていますよ」と、わたしは言いました。

この牧師はわたしたちの気遣いに感謝した上で、こう答えました。「監督、どうか役員会に、気にしないでほしいと伝えてください。もともとイエスさまが、わたしに神学校に行くようにと、お呼びになったとき、わたしの年収は八万五千ドルでした。役員会の皆さんに言ってください。イエスさまがわたしになさったほどの損害を与えることは、だれにもできませんよと」。

預言者たちがいつも言っているように、生ける神の手のうちにいるのは、恐るべきことなのです。

死を迎える態度

イエスさまの死の場面

そこで、この十字架の金曜日です。その最後の言葉でイエスさまは、ご自身の命を、ということは、ご自身の死を、神にお献げになるのです。

わたしたちは最後の場面にいます。最後の場面で、まさに息を引き取られるときに、主イエスは父なる神との十字架上の対話を再開なさるのです。その対話は、「父よ、彼らをお赦しください」で始まっていましたね。今、対話の終わりは、次の決定的な言葉になります。「父よ、わたしの霊を御手にゆだねます」。

イエスさまが最後になさったのは、生涯を通して実行されてきた事柄でした。ご自分を神の守りの手におゆだねになることでした。ですから、キリスト者は信じているのです。イエスさまの死の意味は、イエスさまのご生涯すべての意味と同じ重大さを持っていると。

イエスさまの死は単に死なれたという事実だけではありません。どのような死に方をなされたかに深い意味があるのです。

もし主イエスが眠っているうちに安らかな死を迎えられたのであれば、あるいはお説教のさなかに何者かが銃弾でイエスさまの頭を撃ち抜いたのであれば、はたまた、苦しみの声だけがイエスさまの最後の言葉であったのであれば、主イエスの死は、いまの教会が信じているような意味を持つことは不可能であったことでしょう。

最後の最後に、死の苦しみのなかで、実に神の御子は、ご自身を父なる神の御手にゆだねられました。子なる神は、子にしか献げられないものを父にお献げになり、それはまた父だけにしか、お受け取りになれないものでした。

死に際には何をすべきか

大学のチャプレンであったとき、わたしは若者たちと一緒に、自分の命についてわたしたちは何をなすべきかを、長時間かけて考えあっていました。いまこの聖金曜日について思いめぐらしているとき、今度は自分の死について何をなすべきかを、イエスさまが考えさせてくださっていると思います。わたしたちの大半が望んでいるのは、自分が実際に死ぬと意識しないで死んでいきたいということでしょう。昔は、死ぬときに時間が十分にとれて、神さまと和解もでき、自分が悪いことをした相手とも仲直りできて、平和のうちに死にたいと祈っていました。今はそれどころではありません。頭への打撃か、心臓の拍動停止か、脳内の大量出血か、ともかく痛みもなく、長引く苦しみもなく、できるなら、死ぬと気づかないままで、あっさりと死んでいくことを願っています。それで「一巻の終わり」としたいのです。

死ぬにあたって、子や孫を枕元に集めて、知恵の言葉を伝えていきたいと望んでいた時代もありました。しかし、今や人があっさりと死んでいきたいと望むのは、人生から学んだ教訓のなかに、子どもたちに伝えるべきものが何もないからです。「安く買って、高く売れ」とでも言うのでしょうか。

イエスさまには死までに三時間[*3]という長い時間があり、この最後の時間を見事に用いられました。まず父なる神に語りかけられ、続いて盗賊に、家族に、それから弟子たちに語られました。そして最後に再び父なる神に呼びかけられるのです。「父よ、わたしの霊を御手にゆだねます」。

命を神にゆだねる恐ろしさ

聖書にはこう書いてあります。「生ける神の手に落ちるのは、恐ろしいことです」（ヘブライ10・31）。

生きている神（the living God）ではなく、死せる神（a dead god）の手に落ちるのなら、怖くはないと語っているようですね。死せる神とは、言い換えれば偶像のことです。人間の霊性と空想力ででっち上げた「神」です。作家フラナリー・オコナーに言わせると、人間の作った甘い調合物にすぎない「神」です。

この神ならぬ神に恐れを抱く必要はまったくありません。わたしたちの欲望の投影であり、わたしたちの利己的な欲求に奉仕するために作られた偶像にすぎないのですから。ところが、本当に生きておられる神に捕らえられ、徴発されるとなると、これは恐るべき事態となります。

自分の一番大事なもの、つまり命を、神に献げるには、思い切りの根性がいります（また、何のかのと言っても、「自分の命は自分のものだから他者に与えることができるという主張は真っ赤なうそだ」と認めるには、思い切りの根性がいります。神さまの愛と恵みがあるからこそ、自分の命は神から授かったもので、いつでもお返しするべきだと認めることができるのです。世の中には、命は自分のものだという偽りと高慢が広まっていて、実際に死が目の前に迫ってくるまで、人は、この真実を知ることができません。だからこそ、費用が出せる限り、科学技術によって寿命を延ばそうと力を尽くしているのでしょう。偽りにまみれているこの世では、死はだれに対しても、何ごとをも教えることができません。わたしたちに神の恵みが与えられていなければ、死が教えてくれる真実を正しく受け止め、真正面から死の真実に従うことなどあり得ないのです）。

死を受け入れて生きる

わたしたちの霊を神の御手にゆだねるのは、恐ろしいことです。というのは、もし神の御手に霊をゆだねてしまったなら、神がわたしの命にどんなことをなさるのかは、だれも知り得ないからです。もしあなたが、日曜の朝に、あなたの命を神にゆだねたとして、月曜の朝、神があなたにせよと命ぜられることは何であるかを知って、驚き慌てることもあり得るのです。よくご承知でしょう。

こういうときの保証となるのは、父なる神は、その独り子に起こることを許されたより以上に悲惨なことがわたしたちに起こることを、決してお許しにならないという約束でしょう。この説明で、少しは気が楽になるでしょうか。

わたしはこう思います。わたしたち人間の大多数は、いやそれともわたし一人だけかもしれませんが、ともかくほとんどの人が、人生の大部分の日々において、神の御手にある一日一日を取り出して自分の一日を生きてきているのであろうと。わたしたちは仕事の業績を積み、働き、家を建て、財産を貯めていきます。ジムでトレーニングに励み、コレステロールを気にして日々を過ごします。わたしたちの大部分は、こういう暮らしのなかで、もしも神がわたしの命を必要とされるなら、いつでも天から降りてこられてわたしたちの命をお取りになると知っています。

そして結局のところ、人生の真実を言えば、どんな形であるにしても、神は行動され、わたしたちは死にます。

作家で説教者でもあるロバート・ファラー・ケイポンは、自分自身にも、愛する家族にも、大きな痛手をもたらした道徳的な失敗のいきさつを率直に記しています。ケイポンは不倫を犯したのです。その事実を妻に告白したとき、ケイポンの人生は大きな危機を迎えました。自分が何者であるか自信をなくしました。無であり、失われたものであり、死人同然の身であると知りました。

そこまで落ちこんで初めて、キリストにある命は、何らかの形の死を通ってのみ手に入れることができるのだとわかったそうです。このいきさつで、ケイポンがどのようにして、苦しみながら、自分の救いを発見していったのかを、以下のように語っています。

牧師としての人生を始めたほとんどその時から、わたしはかなり良い説教者であるとの評判を得ていました。……しかし、神が主イエスを通して個人的に自分にしてくださったことについて、熱意をこめて語る説教者にはなれていなかったと思います。なぜでしょうか。いま思い起こしてみると、あのころは、大修理を要するほど自分は壊れていないと信じていたためだろうと思います。

しかし、いまからほぼ二〇年前に、結婚して以来の（二四年間！という）長い愛情生活を積んだ末に、わたしは不貞というとうてい赦されないロマンティックな罪を妻に対して犯しました。その事実を妻本人に告白するという、途方もない愚行をも犯したのです。そのときわたしは、自分が誠実に話したなら、つまり、自分が本当に後悔していると妻に説得的に打ち明けたなら、たぶん妻はその罪を赦さざるを得ないだろうと確信していたのです（その当時のわたしが考えていた「悔い改め」は、妻に誠実に語りさえすれば、むしろ優位に立てるという程度の、交渉技術のようなものだったのです）。

しかし、そううまくはいきませんでした。……それで、わたしの反応の第一は、当然のことながら、「否認」でした。こんなことが起こるはずがない。そして、わたしの次の反応は、「怒り」でした。妻はわたしを赦さなければならないのだ、とんでもない女だ（これ以降、わたしがどんな反応を示し続けたか、いちいち書いても、ご迷惑なだけでしょう。……何とかして、状況を管理できる立場を取り戻そうと、さまざまな方法を用いていたのです。わたしの人生を、わたしが以前に思い描いていたとおりのものへと帰そうとしました。わたしはあくまでも、運転者の席にいたかったのです）。

それから、やがて、わたしの管理能力が戻ってくることはないと気づきはじめました。わたしは、以前にはまじめに考えてもいなかったことを自覚し始めました。わたしは無力な人間なのだということを。……わたしの管理能力は、手から取り落としたのではなく、消えてなくなったのだということを。そして最終的に、わたしは思い知ることになりました。闘いながら、一インチずつ進むように、少しずつ納得してきて、ついに真理を知りました。わたしは、無力になり、管理能力を失い、傷つけられたと思って戦っていましたが、実はわたしは初めから死んでいたのです。わたしは自分自身の人生に対しても、何もする力はなく、ただの一個の死体にすぎないことが、よくわかりまし

ルカ23：46―49

た。[*4]

ケイポンは、死を通ることによって、命を得ました。これはまるで、回心への伝統的な筋道そのものです。

死があなたを捕らえる日

わたしは神学校で学んでいるときに、臨床牧会教育（CPE Clinical Pastoral Education）の一学期のコースをとりました。病院での実習を行い、病気の人、死を迎えている人の看護（ケア）を学びました。

この男性が入院してきた日のことをよく覚えています。この人は、病院のスタッフに強制されて、車椅子に乗って入院してきましたが、入ってくる間中、ひっきりなしに病院の職員に罵声を浴びせていました。秘書を引き連れてきていて、自分以外にはできない重要な仕事について指示を出していました。

わたしたち実習生は、この人の部屋を訪ねてはならないと言われていました。会社のCEOで、一日中電話に忙しい。それに牧師などには関心がないからと聞かされていました。病状は非常に重いのに、病院の診断を受け入れようとせず、ミネソタ州から専門医を飛行機で呼び寄せたそうです。会社の部下たちが毎日次々と病室に出入りして、それぞれに仕事を与えられて帰っていくのでした。わたしが部屋を訪ねてみたところ、わたしを怒鳴りつけて、病院はやるべきことをやって、病気を治すことに専念すればいい、面倒なＣＰＥのひよっこ説教者などに時間をとられるいわれはまったくない、と追い出されてしまいました。

しかし、くっきりと思い出すのは、この病室から泣き声が聞こえてきた日のことです。一人の看護師が駆け出してきて叫びました。「チャプレンを連れてきてください。患者のスミスさんが、病気の真相を知ってしまって、いまショック状態です」。

「もしかしたら、わたしがお役に立つのでは？」と言いましたら、「いま必要なのは本物のチャプレンですよ」と、看護師さんが答えました。

もっと年輩の賢明なチャプレンが、廊下をゆっくりと歩いてきて、スミスさんの部屋に入りました。間もなく、病室は静かになりました。やがてチャプレンが病室から出てきて、廊下を戻りながら、わたしに向かってささやきました。「神さまがもう一人お迎えになったよ」。

生ける神と人であるお方の死

絶望の底からの救い

オスカー・ワイルド[*5]の詩『レディング牢獄の唄』は、絶望の深淵においてのみ、救いがわたしたちに来るのだと歌っています。すなわち、

ああ！　倖いなるかな、その心が砕けて
　　赦しの平安を得られる者よ！
さもなくばどうして人はおのれの考えを正しくして
　　おのれの魂を罪から清めえようか？
さもなくばどうして砕かれた心を通して
　　主なるキリストが入りたもうか？

イギリスの詩人フランシス・トムソン[*6]は『天の猟犬』で、こう歌っています。

夜はいく夜、昼はいく日を、われ神を逃げたり
いく年の門をも過《よぎ》り、われ神を逃げたり

読者の皆さんのなかには、生ける神が降って来られてあなたを追いかけ、しつこく、あきらめずに追っておられるのがどのようなものか、ご存じの方もおられるでしょう。これは恐るべき体験です。しかしながら、この体験は、今日のお話の直接の主題ではありません。

わたしたちが話しているのは、あのお方のことです。神に近くおられる方。生ける神とおひとつであられるので、わたしたち惨めな人間のできないことをなさったお方。すなわち、自分自身を神の御手にゆだねられたお方のことです。――この方のなさったことの意味について、この方の生涯と行動の目的について、この方の死の悲惨さについて、つまり、これらすべてをそのまま神の御手にゆだねられたお方のことを語っているのです。

人々を追い求められる神は、その独り子を追いかける必要がありませんでした。死に臨んで、子なる神は自らの意思で、満ちあふれる力をこめて、父なる神を追い求め、ご自分の霊を神に差し出されたのです。十字架上では、神は御子を離れたことがありません。「父よ、わたしの霊を御手にゆだねます」という御言葉と、このような死は、御子の誕生と同様、御子が神と一体であられることの証明なのです。

「幸福な死」はいま手に入るか

かなり遠い昔のことになりますが、メソジストの初期の頃、わたしたちは「幸福な死」という瞬間を実例を挙げて誇らかに語っていたことがあります。キリスト者は愛において完全を目指し、神さまにまったく近づいていたので、喜んで死を迎えました。地上の生命から、死を通過して、ほんの短い旅をするだけで神のもとへと行けると確信していたのです。

これに比べると、今日、「幸福な死」を迎える人は少ないのではないでしょうか。現代人の死への旅は長すぎます。辛すぎます。完全に自己没入しているこの世の命から、苦しく、いやいやながら自己喪失をして、次の世の命へと旅立つからです。

しかし、イエスさまにとって、父なる神のもとへの旅は長い道のりではありませんでした。御子イエスと父なる神は一体であられるからです。

少し前におかしなことを言う自称神学者がいました、この人は、イエスの死は、父なる神の「児童虐待」に当たるというのです。他人の罪を償うために、自分の唯一の子どもを、残虐な犠牲の死に供することで、ある種の「病的な」償いをするとは何事かと、父なる神を非難しています。しかし、この非難そのものが病的です。なぜなら、ここで語っているのが三位一体の神であることを、見落としているからです。

神は父、子、聖霊なる三位一体の神です。子なる神が苦しんでおられるならば、聖霊なる神も父なる神もともに苦しまれ、それゆえ、すべての被造物がともに呻《うめ》くのです。子なる神がご自分の命を父なる神にゆだねられるときは、実に子は、ご自分がもともと同一であるお方に自分自身を差し出されるのです。子なる神がご自身を父なる神におゆだねになり、死をお引き受けになるとき、御子は実にドラマティックに、父なる神、聖霊なる神との一体性を明らかに示しておられます。三者それぞれ別個の神であられながら、その中心において一つであられるのです。

信仰とは「不確実性」を引き受けること

真実の神と手作りの偶像にすぎない神との違いはどこにありますか。一つの見方は、偶像には、永続性と、不死と、安全性を約束してくれる傾向があることで、人間の理想とする自我を映す鏡であるからには、当然そうなるのです。イスラエルの民族は、しっかり機能していたエジプト経済の安全性から離れるよう強制され、自由を求めて生きるよう神から命令されましたが、それは荒れ野で暮らす不確実性を引き受けることでした。

今日の世界でも、「安全性」を求めるわたしたちの欲望が、わたしたちの国を世界でもっとも軍事費のかかる国にしています。そのように、わたしたちは自力で確実性と安全性を確立しようと望んでおり、それは膨大な軍事施設や年金制度、防犯警報システムによって達成されます。

ところが、古代イスラエルの民が学んだのは、民族にとっての安全性を脅かすものは、敵対するカナンの住民ではなく、むしろ主なる神だということでした。神の預言者たちは、イスラエルの人々に、国が国の「安全」を図って行うすべての行為は、結局は自分自身で自分自身を守る行為、つまりは偶像崇拝になってしまうという事実を指摘せざるを得ないのでした。

事実、イスラエルは、神の行為によってのみ存続できたのです。それは「ただ、あなたに対する愛のゆえ」でした（申命記7・7―8）。イスラエルの民にはどんな基盤もありませんでした。生存の手段もないし、その地で今日も明日も生きていける確かな理由も何一つ持ち合わせてはいませんでした。唯一あったのは、恵み深い神の行動でした。与えていただく資格もない、自分の功績でいただいたものでもない、ただ神が行ってくださったお恵みの行為だけでした。イスラエルはやがて学ぶのです。どんな苦しい状況にいても、その状況がどう考えても神さまの創造的な愛を確信させてくださる保証にはならなくとも（たとえば出エジプトの苦難、バビロン捕囚）、主への礼拝を欠かしてはならないのだと。

すべてを神の御手にゆだねる

アブラハムの信仰にならって

イスラエルの信仰の父アブラハムは、神の約束に身をゆだね、神とともに歩むために、行く先も知らぬ未知の冒険に乗り出しました（ヘブライ11・8）。アブラハムがどこへ導かれて行くかご存じなのは神さまだけでした。アブラハムとその妻サラは、すべてを投げ出して神にお任せし、神さまのみに導かれて行くしかありませんでした。

もちろんのことですが、神の前にすべてを投げ出すことも、究極の出エジプトも、決定的なバビロン捕囚も、そこにある最大の不安は、死によって絶滅させられることです。ですから、キリスト者が十字架と復活を語るときは、イスラエルの民が、エジプト脱出を思い起こして語るときと、なにか、同様の事柄を語るのです。

わたしたちは、もともとは無でした。そしてあるとき、神によって何ものかになりました。しかし、再び神を見失うならば、いつでも無に戻ってしまいます。わたしたちの安心をただひとつ保証してくれるのは、今まで何とか避けようとしてきた不安定なもの、すなわち生ける神への信頼と呼ばれるものです。イエスさまのお言葉で言えば、まさに、こうです。「父よ、わたしの霊を御手にゆだねます」。

使徒パウロも言っています。「もし、わたしたちがキリストと一体になってその死の姿にあやかるならば、その復活の姿にもあやかれるでしょう」（ローマ6・5）。これがわたしたちの希望なのです。

わたしたちには二つに一つの選択肢があります。自分を自分自身のむなしい努力のもとに保持し続けるか、それとも、イエスさまに倣《なら》って死に、自分自身と自分の愛するすべてを神さまの御手にゆだねるかです（ここで次のように発言するのをおゆるしいただきたい。キリスト者は死に臨んで自分自身を神にゆだねるべきものです。それなのに、みな勇ましくも、高額の費用をかけてまでも、自分の愛する者を、医学テクノロジーの神々にゆだねて戦っているのです。酸素吸入器や、メディケアに、人生の定められた道のりをすでに超えた後までも。わたしたちは、自分自身や自分の愛する人たちを「神の御手にゆだねる」ことを、何としてでも避けたがるのです。悲しむべき風潮だと言わざるを得ません）。

主導権を取り戻して

このように、ご自身の命を父なる神にゆだねるにあたって、イエスさまの最後のお言葉は、発言の責任を自ら負う、簡明率直な、奇妙なまでに確信にあふれたこの祈りでした。「父よ、わたしの霊を御手にゆだねます」。

この日、主イエスは、逮捕され、縛られ、鞭打たれ、総督官邸からあちこちに引きずり回され、わめき叫ぶ群衆の前で侮辱され、からかわれ、痛めつけられました。追い回され、好きかってに扱われてきた一日の最後の瞬間、主イエスは自らの責任を取り戻し、主導権を握り、常に一体であられた父なる神と一体になられました。「父よ、わたしの霊を御手にゆだねます」。

どうか、このみ言葉を決して、弱気、屈服、諦念の言葉としては聴かないでください。主イエスは、この世の「権威」に向かって、命令を発し、我と我が身をゆだね、全身を投入し、正面からぶつかり、決然と主導権をとっておられます。

十字架上において、イエスさまは、ちょっと前に、旧約聖書の詩編第22編を引用して祈られました。「わが神、わが神、なぜわたしをお見捨てになったのですか」。

この詩は、すぐそのあとに出てくる詩編第23編とは、まったく対照的です。「主は羊飼い、わたしには何も欠けることがない。主はわたしを青草の原に休ませ……あなたの鞭、あなたの杖　それがわたしを力づける」。

この詩編第23編は、わたし個人の経験で言いますが、人々が最後の時を迎えるにあたって、最も多く引かれる詩編です。臨終の場面でも、また、絶体絶命の場面でもよく引用されています。これは信頼の詩編です。幼児のように完全に神に頼りきる歌です。詩編第23編では、神は、導き、守り、備え、保護してくださるお方です。わたしたちのなすべきことは何もありません。ただ歩き出して、神のお導きにすべてをお任せするだけです。

しかし、この十字架上の最後の時は、話が違います。イエスさまは、すべてをお任せになさるのではなく、ご自分で責任をおとりになるのです。それまでの約十二時間、イエスさまは罪ある人間どもの手の内におられました。ですが、いま、ご自分の命を自らの手に取り戻し、その命を父なる神の御手にお渡しになりました。これは最高度のゆだねる行為です。少なくとも現在の文化的状況においては、周囲の状況に対する反逆行為であり、対抗文化的な行動でした。

全能の神を「父よ」と呼ぶのは、イエスさまが教えてくださった、大胆な祈り方でした。「天にいます、我らの父よ」。親密な、子としての愛に満ちた、そして素晴らしくも大胆不敵な瞬間です。それは、奇妙にも確信に満ちた決断の瞬間でもあります。

信頼に満ちた十字架の死の方法

ここに一人の人間がいて、ほとんど死ぬほどまでに出血を続け、両方の手に釘を打ちぬかれて十字架の横木に固定され、足首も釘付けにされて、その場に吊り上げられています。裸体で、喘ぎ声さえほとんど発することができず、徐々に窒息して死に至るまで、肉の塊のごとく、ただ十字架にかけられています。この姿は、もはや何事もできず、そのまま死を迎えるしかないことを自認している者のように思われます。

それでいながらこの時こそは、主イエスが自分のなさる行動に責任をとられる瞬間だったのです。拷問する者たちの手からご自分の命を奪い返し、父なる神の手に確信をもってお渡しになりました。イエスさまは、十字架の処刑人に最後の言葉を語らせず、それゆえまた、その者たちに「十字架の意味」を決めることをお許しにならなかったのです。

イエスさまが死なれること自体は、ニュースでも何でもありません。あなたも死に、わたしも死にます。人はすべて死にます。イエスさまについても、この人の言ったようなことを言い、したようなことをした人間であれば、「まあ、ありきたりの死に方はあるまいな」と、初めから予測ができたことでしょう。この時代にこの人が批判して傷つけた連中のことを思えば、その連中の手にかかって死ぬことも予測できたでしょう。ですから、イエスさまの死そのものは驚くに当たらないことでした。

イエスさまの十字架を、目を瞠《みは》るような驚くべき瞬間にしたのは、イエスさまの死なれたその方法でした。ただし、単に十字架につけられて苦しみながら死なれたというだけではそうはなりません。昔から預言者や聖人たちはこのような扱いを受けていました。イエスさまも時折、この事実を指摘なさっています。

十字架においてイエスさまが教えてくださったこと、十字架上の最後の言葉で教えてくださったことは、十字架の死にも正しい方法があるということです。

牧師の特権として、人の心の奥底にある聖域に立ち入らせていただくことがたびたびあります。死を前にした人々が、最後に心の平和を得て辿り着く場所です。それまでに、重い病気に冒され、手に入る限りのさまざまな科学や医学の療法を勇ましく受け、苦しいなかでも元気そうな笑顔を見せ続け、それから、泣きに泣いて、さらに、自分の力の及ばない定めにあることを怒った末に、ついに沈黙し、すべてを受け入れ、平和の境地に至っている心の聖域です。

しかし、このような「高貴な敗北」の道を通って平和に達している人の数はあまり多くはありません。わたしが観察した限り、これ以上に多いのは、主イエスの平和と類似した平和です。

何人もの医師たちに自分の命を預けてきて、また心配してくれる家族や友人の言葉に従っては、休憩しろ、食事をとれ、眠れ、ベッドでは寝返りを打て、起きて歩け、化学療法を試してみろ、調子が悪いときこそいい顔をしろ、などなどと言われては実行してきました。しかし、ついには、自分の命は自分の好きにすると、覚悟を決め、自らの手に取り戻しました。そこでこの人たちは、その命を神の前に差し出すのです。なぜなら命は神が恵み豊かに与えてくださったものだからです。

この人たちは、人生の最期に命を自分のものとして手に取り、死が奪い取ろうとしていたその命を神に献げものとして感謝して差し出すのです。命は神のものだからです。こうすることによって、人生最大の奉仕の務めを行うのです。

死には、死に方があります。

神さまだけがご存じのこと

友人と、ある著名な学者の業績について話していたときのことです。この学者は、古典研究のなかで、かなり独特な分野について五〇年以上もの研鑽を重ねてきました。八十歳で亡くなったときに、友人とわたしはこの人の仕事について語りあったのです。

「この先生の開拓者としての働きは永遠の価値があると思うよ。見事な業績だ」

わたしが言いましたら、友人は、よくある言い回しで、こう答えました。

「神さまだけがご存じだよ」

この言葉は、毎日毎日、習慣的に口に出されるコメントではありながら、そのときそのときには、大いなる意味を持つことがあるという、そういう表現の一つだとわたしは思いました。まじめに考えてみると、これはあらゆる人生の終わりの局面で発言されるべき言葉であり、すべてがこの一言に尽きるとも言えるものです。この人生に、いったい何の意味があるのか。そのうちの何かは永遠に残るのか。わたしたちは少しでも重要なことを成し遂げたのか。「神さまだけがご存じ」なのです。

たとえば、わたしたちは記念碑を建てます。あるいは大学に自分の名をつけて記念講座を寄進します。子どもたちを産みます。御影石《みかげいし》に名前と生没年を刻みます。自分の命を、所属する団体に、会社に、献げます。墓石に、自分の著書に、自分の子どもたちに自分の名を与えます。しかし天に召されたなら、これらは虚栄心のなせるわざだとわかります。わたしたちの一生が、究極的にどんな意味を持つかは、まさに「神さまだけがご存じ」です。

自分で自分の人生に意味を持たせようと、あれこれ努力したことを超えて、最終的に意味を与えてくださるのは神さまだけです。したがってわたしたちは、自分の人生を神にお献げすると考えるのがもっとも良いのです。

被害者意識だけでは解決にならない

現代アメリカの実力派の作家ジェイムズ・ボールドウィン[*7]は、インタビューに答えて、次のように語っています。文章を書き始めたころ、自分の乗り越えるべき最大の障害は、「被害者同盟の箱」に入れられてしまうことだった。つまり、「白人種からの迫害に耐える永遠のアフリカ系アメリカ人被害者」の仲間入りをして書き続けるようにと、圧力を受けることだったというのです。

事実、ボールドウィンはニューヨークのハーレムで生まれ育っています。人種差別社会の害悪に苦しめられてきました。このテーマを選んで書けば、一生涯書き続けることもできたようで、書こうと思えばいくらでも書きたいことは持っていました。しかし、そういう書き方を選べば、生涯にわたって社会的に「被害者」と定義され続けるだろうと思い、その道を望まなかったのです。

ここで、イエスさまは、これまでの地上の生涯の最後の瞬間に、「被害者」としての言葉をほとんどまったく発していないことに注目していただきたいと思います。

わたしたちの生きている現代文化は、被害者の文化であると、大勢の知識人が書いています。社会に不公正が存在することを認めて、その不公正が、被害者の命と生活を恐ろしく傷つけていることを認識するのは良いことでしょう。しかし、この「被害者意識文明（victimization）」とは言い得て妙ではありますが、この文明がいつまでもわたしたち人間を名づける何ものかであり続けることを許してはなりません。永遠の犠牲者であり続けるとは、いつも、いつまでも、人間を犠牲にするものによって、名をつけられ、命令され、決定され続けるということです。その不公正な加害者の力の前に、あなたの命、あなたの生きる意味を差し出して服従することに他ならないのです。

「ああ、主イエスよ、あなたはひどい目に遭わされました。ご自分の弟子たちからは、拒否され、裏切られ、他の者からは、虐待され、鞭打たれ、肉と肉を切り裂かれ、手足をばらばらに痛めつけられ、十字架にかけられて、屈辱のうちに死をお迎えになりました。人々は恐るべき状態で、あなたの命を奪い取ったのです」

だがしかし、イエスさまはその最後のお言葉で、教えておられるのです。すなわち……「何ものもわたしの命を取ったのではない。わたしが命を献げたのだ。父の御手にわたしの命をゆだねたのだ」。

「御子は、見えない神の姿であり、すべてのものが造られる前に生まれた方です。天にあるものも地にあるものも、見えるものも見えないものも、……万物は御子において造られたからです。……御子はすべてのものよりも先におられ、すべてのものは御子によって支えられています。また、御子はその体である教会の頭です。御子は初めの者、死者の中から最初に生まれた方です。……満ちあふれるものを余すところなく御子の内に宿らせ、その十字架の血によって平和を打ち立て、地にあるものであれ、天にあるものであれ、万物をただ御子によって、御自分と和解させられました」（コロサイ1・15―20）

復活を待つ

金曜日の礼拝のあとには

聖金曜日の礼拝が終わると、わたしたちは暗黒のなかへと移動します。暗黒と沈黙。この一週間、たくさんの言葉が語られました。多くのドラマティックな礼拝儀式が執り行われました。そして今、わたしたちに残されているのは、沈黙と静寂のみです。状況を一変させるような手段も方策も与えられていません。ここにあるのは一編の悲劇、神の御子の死という悲劇です。これを書き換えることはできません。

この悲劇のすべてが何を意味するか、それは「神さまだけがご存じ」です。イエスさまの話されたすべての御言葉、行われたすべてのお仕事、そのすべてに意味をお与えになるのは、神さまだけです。次の動き、次の一手は神さまのものです。イエスさまは、ご自分の命、つまりいままでの全生活、全発言、全行動、全存在を手中に収められ、それをいまや手放して、創造的な父なる神および英知豊かなる聖霊の神へとお差し出しになるのです。この最後の確信に満ちた大胆な信仰の行為において、御子は父なる神にご自分の霊をゆだねられました。

その次の一手、最後の一手は、いつものとおり、神さまの一手になります。最後には神なのです。十字架上の七つの言葉の意味は、三日目の日曜日に明らかになります。そのとき神が、父なる神、子なる神、聖霊なる神が、……ついに最後の発言をなさるのです。

この最初にして最後の言葉、これを聴きにわたしたちは、三日目にイースターの教会へ戻らなければ、自分自身に不公正を行うことになり、十字架の物語の意味をまったく取り違えて混乱におちいることになります。木曜日の最後の晩餐、金曜日の十字架、日曜日の復活、この三つをともに守ることは決定的に重要です。この三つを、教会は「三日間（トリドゥーウム triduum）」と呼び習わしてきました。この「三日間」のお話は、ひとつながりになるべきもの、その物語の結末は、神さまだけがおつけになることができるものです。

したがってある意味では、わたしたちもまた運命を父なる神の御手にゆだねているのです。御子の物語の結末を父にゆだねているのですから。わたしたちはその物語のなかで残虐な役割を演じましたが、満足のいく結末をもたらすことはまったくできませんでした。

主イエスの十字架と三位一体の神

イエスの十字架の死に焦点を絞る神学の陥る危険性のひとつは、イエスの復活を忘れることですが、それればかりでなく、三位一体の神のお働きを見過ごすことでもあります。イエスの苦しみは、神の御子の苦しみとして語られなければなりません。御子はわたしたちの救いのために、ご自身の意志で、神の御心に忠実に従い、聖霊のお力のただなかで、父からこの世に送られて来られた方です。

御子の苦しみこそは、父なる神がどんなお方であるか、聖霊なる神が何をなさる方であるかの、定義そのものです。この、御子の十字架においてこそ、「神はキリストにあってこの世界をご自身に和解させ続けておられた」のです（二コリント５・19、岩波訳[*8]）。そして復活において、御子の犠牲は報われて、愛の神の仕事となりました。つまり、神の愛により、聖霊のお働きによって、罪ある世界の全域にもたらされる愛の行為となりました。

イエスさまは常に、ご自分お一人でおられることに意義を見いだすお方ではありませんでした。いつも、なさっていたお仕事は、とりわけこの十字架の上でのお仕事は、完全に父なる神のことでした[*9]（ルカ２・49）。

イエスさまは、ゲツセマネの園で、父なる神の御心と真剣に取り組まれました（マルコ14・36）。また、ゴルゴタの丘で死を迎えるとき、ご自分の命といままでの生活のすべてを神の御手にゆだねられました（ルカ23・46）。これらのことをなさるとき、主イエスは父なる神と完全に連帯して親密な関係を保ち続けられました。

十字架につけられたお方は三位一体の神であられたということの神学的な意味がおわかりになったでしょう。一人の良い人間が、最後にどんな目に遭うかの、道徳的な模範が十字架のうちにあるなどとは、二度とふたたび論じてはならないのです。十字架において、全能の神がどんなお方であり、何をなされるお方であるかが、全世界に告知されているのです。

ここで、「全能の神」という言葉の意味が新しくされるのです。神はあまりにも偉大で、壮大で、摑みどころがなく、わたしたちのような卑小な被造物には、知ることができないお方だなどと、二度とふたたび論じてはならないのです。なぜなら、父なる神は、神の子の苦しみにおいてご自分を啓示なさったからです。この神には、顔があり、この世の中で、わたしたちとともにおられる道をご存じだったのです。

また、聖霊なる神が、なんだかわけのわからない、曖昧な、霊妙な力であるなどとも、二度とふたたび考えてはなりません。聖霊は神と神の御子から送られてくる霊であって、その神は、わたしたちのためにご自分のただ一人の御子を犠牲になさる神であるからです。また、その御子は十字架上で、父なる神の仕事とご意志の実現のために喜んで身を投げ出されたお方だからです。

ぶどう園と農夫たちの譬え

イエスさまがエルサレムに来られて、死の直前に、一つの譬え話をお語りになりました（マルコ12・1―12）。これは、ぶどう園の所有者である主人の物語です。このぶどう園は、数人の農夫に貸し出されていましたが、その者たちはぶどう園の管理をいい加減にした上に、借り賃をまったく払いませんでした。

この主人は、自分の僕《しもべ》たちをこのぶどう園に送り出して、当然うけとるべき借り賃を農夫から徴収しようとしました。しかし悪質な農夫たちは、やってきた僕を追い返し、まったく支払いに応じませんでした。何世紀にもわたって、父なる神である主人は、つぎつぎに神の僕たる預言者を送り出し、農夫たちの行動を改めさせ、神の御前に正しく生きるようにと、何度も試みを重ねられました。最後に、怒りの頂点に達した主人は、危険をも顧みず、自分の一人息子をぶどう園に送り出しました。自分の代理として、いくら何でも受けいれてくれるだろうと確信していたからです。

ですが、この悪辣な農夫たちはその息子を殺害したのです。

わたしたちは、だれ一人として、この父なる神の立場にいることができません。人は皆、自分の持ち物がすべて、いや自分という存在がすべて、神からの借り物であり、神から委託されて預かっている聖なる委託品なのだという事実に、ひどく不満で傷ついています。そのため、神の代理として送りこまれる預言者を軽視し続け、ついには神の御子までも殺してしまうのです。

そういう人間であるわたしたちに、主イエスはこう命じられました。「祈るときには、こう言いなさい。『天にましますわれらの父よ』……」。この祈りをお教えになったこと自体が、イエスさまのなさった、最高に画期的で挑戦的な事柄のひとつではないでしょうか。

ベツレヘムとゴルゴタで起きたこと

神は、わたしたちの世界に来られ、わたしたちによって十字架にかけられることを望まれ、わたしたちがまったく予測していないのに、死者のなかからよみがえられました。この神を知った者としては、この神との関係を絶とうとするほどの力が自分にあるとはとうてい思えません。どんなに滑稽に見えようと、この神は自己軽視の深みに、どん底まで降りてこられるのです。

ベツレヘムとゴルゴタで起こったことのあとには、わたしたちはもう安閑としてはいられなくなりました。神はいつでもどこにでも、この世に介入なさることがおできになるのです。わたしたちは、二度とふたたび、人間的な概念、疑問、理性を振り回して安閑としていることができなくなりました。いままでは、神さまが行かれるはずがないと思っていた場所にこそ、三位一体の神は介入してこられるのです。

しかも十字架の事件以来、神も人間を離れて安閑としては、いられなくなりました。神はご自身の自由意志をもって、決断をされ、これからはわたしたちと連帯してくださることに決められました。わたしたちのために。

実はこのご決断は、神にとっていままでで最大の危険をともなうものとなったかもしれないのです。神は、わたしたちが拒否することも、嘲笑することも、無視することもできる形をとって、わたしたちのところに来られたからです。思いやり深い神は、人間の思いのままにされる位置に、ご自分を置かれました。

この神の苦しみの本質は、十字架にかかることの苦痛よりも、人間に裏切られること、一日一日、瞬間ごとに、とぎれもなく裏切られ続けていらっしゃることにあります。愛には死が伴うのです。少なくとも、わたしたちのために、身をかがめてくださるこの神さまにとっては。

神による決着を待つ

ところで、神という重荷を背中から降ろしたいために、無駄な努力とはいえ、神の独り子を殺すことに踏み切ったわたしたちに対して、いま、神はどう行動されるのでしょうか。イエスさまの語り口はいつも同様なのですが、この悪辣な農夫たちの譬え話も、結末まで語られることなく終わっています。

イエスさまが結末をお語りになれなかったのは、おそらくそれが十字架の物語だったからでしょう。

それは正しい結末以外あり得ない物語であり、父が大きな決断によって正しく終えられる必要があったのでしょう。

最悪の行動をとってしまったいま、ぶどう園の農夫であるわたしたちは、運命を神の御手にゆだねて待つしかないのでしょう。いま、イエスさまは沈黙をまもっておられ、教えは、結論なしのままです。この物語は、宇宙規模であり、きびしくて、恐ろしく、また悲劇的です。やはり、神さまだけが、どう決着をつけるのかご存じの物語なのです。では、どれだけ待てば、父なる神が神としてのなさり方で、お話に結論をつけてくださるでしょうか。

少なくとも三日です。

しかしながら、いまのところ、この日に、わたしたちが聴いているのは、イエスさまの最後の御言葉です。祈りましょう。わたしたちに、神の恵みと、神への信仰とをお与えくださいと。それによって、主イエスの最後の御言葉を、わたしたちの最後の言葉、究極の祈りとさせてくださるようにと。……「父よ、わたしの霊を御手にゆだねます」。

＊1　尊厳死を扱った劇で、作家はイギリスのブライアン・クラーク。一九七八年からロンドンで演じられ、まもなくアメリカのブロードウェイでも公演され、八一年には映画化された。日本でも劇団四季が、

浅利慶太の演出で、舞台を日本に置き換えて、公演を重ねている。二〇一六年には東京・浜松町の自由劇場で上演された。

＊2　ルカによる福音書第12章13―21節

＊3　十字架にかけられていた時間は、マルコによる福音書の記述によって、午前九時から午後三時までの六時間という読み方をする学者が多い。一方、九時から正午までの三時間という時間帯の終わりごろから、次の正午から三時間という時間帯を越えて、その次の時間帯の初めごろまでのほぼ三時間という読み方をする説もある。ヨハネによる福音書には、ピラトが判決を下した時刻が「正午ごろ」（ヨハネ19・14）とあり、その後に刑場で十字架にかけられ、その日の夕方までに墓に葬られる。十字架上の時間は諸説入り乱れている。ウィリモンは聖金曜日の礼拝の慣習に基づいて三時間説をとっているようだ。

＊4　一九二五―二〇一三年。Robert Farrar Capon, *The Foolishness of Preaching: Proclaiming the Gospel against the Wisdom of the World*, Grand Rapids: Eerdmans, 1998, 26-27.（『説教の愚かさ――世の知恵に対抗する福音の宣教』）

＊5　一八五四―一九〇〇年。イギリスの詩人、小説家、劇作家。詩『レディング牢獄の唄』(The Ballad of Reading Gaol) は一八九八年の作、発表されたのは没後である（西村孝次訳『オスカー・ワイルド全集3』青土社、一九八八年、七五―七六ページ）。

＊6　一八五九―一九〇七年。イギリスの詩人。聖職につくために勉強したが医学に転向、しかし卒業で

きなかった。貧困と病気、アヘンに悩まされていたところをメネル夫妻に救われ、詩人として活躍。晩年の作は宗教を主題としたものがほとんどで、有名な『天の猟犬』もこの時期のものである。この詩の書き出し「夜はいく夜、昼はいく日を、われ神を逃げたり……」は、斎藤勇《たけし》の『英詩鑑賞』の訳文による。

＊7　一九二四―八七年。アメリカ合衆国の小説家、随筆家、公民権運動家。

＊8　口語訳や新共同訳では、「神はキリストによって世を御自分と和解させ」と訳されている。英語訳の改定標準訳（RSV）の“in Christ God was reconciling the world to himself”に従ったようだ。文語訳では、「神はキリストに在りて世を己と和《やは》がしめ」となっていた。欽定訳（KJV）が“God was in Christ, reconciling the World unto himself”と訳していたのと同様である。ウィリモンはこれを採用して、ここでの議論の根拠にしている。

＊9　ルカによる福音書第2章49節を、欽定訳（KJV）は“I must be about my Father's business”と訳していた。ウィリモンの文章も“He's always completely about his Father's business.”で、明らかに、欽定訳を用いている。日本語訳では、文語訳の本文は「我はわが父の家に居るべきを知らぬか」と訳してあるが、注釈として「或いは『我が父の事を務むべきを知らぬか』と訳す」と記している。新共同訳は「わたしが自分の父の家にいるのは当たり前だということを、知らなかったのですか」。これは改定標準訳（RSV）の“in my Father's house”に従っている。口語訳も「自分の父の家にいるはず」と訳していた。

まとめの言葉

キリスト者は世の常識に逆らう

キリスト者は奇妙な人間

現代において一人のキリスト者であることが、どんなに非常識な、奇妙なことであるかを、わたしたちキリスト者はいつも忘れています。しかし、現代だけでなく、どの時代においても、キリスト者は非常識な人間でした。

キリスト者の信仰が、世間的に筋の通ったものだと考えることは多分、可能でしょう。さらに、その信仰が、人生を目的中心の生き方に変えてくれる手段になるだろうとか、人生の惨めさを少しずつ減らしていく新しい生き方の技法にもなるだろうと思うことも、多分、可能なのでしょう。

ところが、そのただなかに、聖金曜日がおとずれます。本書でずっと考察してきた、イエスさまが十字架にかけられた金曜日です。毎年、この日の三時間にわたって、教会はわたしたちに十字架を見つめさせ、十字架についてじっくり考えさせてくれます。

そうすることによって、わたしたちはイエスさまの十字架について、なんと常識はずれのことが起こっているかを改めて実感するのです。すなわち、そのとき、なぜ神さまは、殺人者であるわたしたちを見放して背を向けておしまいにならなかったのでしょうか。また、なぜわたしたち人間は、十字架につけられたこの自称「救い主」を見放して、背を向けてしまわなかったのでしょうか。

これからしばらくの間、わたしたち北アメリカの教会の人間にとって、常識からはずれた思考実験をしてみましょう。すなわち、「キリスト者」とは行動の基準に関する判断の図式において、「母の日」よりも「聖金曜日」の方が重要であると、心から信じている人たちのことであると定義してみるのです。

キリスト者は「スピリチュアル」でなくていい

デューク大学のチャプレンであったとき、数人の学生が訪ねてきて、わたしの援助を求めました。デューク大学の庭園の一角に、「スピリチュアル・センター」と称する場所を設置してほしいというのです。わたしは質問しました。「『スピリチュアル・センター』って、いったい何かね」。

「はい、庭園の一角を区切って、座り心地のいいベンチでも置いて、わたしたち学生がいつでも行って瞑想できる場所にしたいのです。静かな場所、木々や小藪に囲まれている、自然そのままの憩いの場所です」

わたしは訊きました。「君たちはそこで何をするのかな」。

「何もしません。ただ静かに座って瞑想するだけです」

「何について瞑想するのだね」

「ただ瞑想するだけです。自然について考えてもいいし、人生についてでも、神さまについてでも、その他何についてでもいいのです」と、学生たちは答えました。

そのとき、わたしは気が付きました。キリスト者であることは、なんと世間の非常識であることか。それで学生たちに言いました。君たちには気の毒だが、わたしは、その「スピリチュアル・センター」なるものに、何の魅力も感じないと。わたしはキリスト者であるからには、まったく「スピリチュアル」ではないと。君たちの言う「スピリチュアル」が、静かに座って、自分自身や、小藪を見つめて考えることであるのなら、キリスト者はスピリチュアルな人間ではない。わたしたちは、神の「受肉」を大事にする人間なのだ。

わたしたちが神さまを見つめようとするなら、見るべきなのは、肉体をとった神の子であるはずだ。その肉体は、血を流しており、いくつかの傷穴が開いている。そこに自然なところはまったくない。二十世紀の偉大な神学者カール・バルトも言っているだろう。説教者ができることは、バプテスマのヨハネと同様に十字架のそばに立って、細長い指でイエスさまの十字架を指し示すことだけである。それ以上良いことは何もできないと。[原注1]

この聖金曜日に、わたしたちキリスト者は、世間の人々が無数の言い訳を見つけては軽く見過ごそうとする主イエスの十字架を、注意深く見つめるのです。

自分自身を見るよりもキリストの十字架を見る

今日の多くの霊性の愛好家たちには、わたしのいま話していることが理解してもらえないのではないかと思います。そのわけは、現代の多くのアメリカ人が神について考えているやり方とは、まったくの正反対のことをわたしが主張しているからです。

わたしたちは、自分自身の心の奥底を見つめることから、神を見いだすことができると思うように条件付けられています。ところが、キリストの十字架は、わたしたちが自分自身以外のものに注目することによってこそ、神がわたしたちに近づくと主張しているのです。

自分自身を見つめることには、ナルシシズム（自己陶酔）の危険があります。さらに、わたしたちは、苦しみや苦痛の場面に直面すると、本能的にその場面から逃げ出すようにと、条件付けられています。

現在は、死刑の公開はもう行われていません。わたしたちはそれを人道主義的な進歩のしるしだと理解しています。殺人犯の処刑は秘密のうちに行われ、その処刑を公開して詮索好きな人の目にさらすことはありません。わたしたちは、国家が人々を殺す場面を現実に見ないで済む限りは、国家による殺人もまずは仕方ないと考えています。けれどもイラク戦争の終戦処理の際に、国旗に包まれた合衆国の兵士たちの棺桶の写真が公開され、撮影したカメラマンが、悪趣味だ、不謹慎だと、さんざんの目に遭ったことをご記憶の方も多いでしょう。

わたしたちが苦しみと痛みの場面を見るのを嫌うのは、人間性の進歩とは、あまり関係がなく、人の命を脅かす大規模な苦しみと痛みに、正面から立ち向かう霊的、知的な資質を欠いていることと大いに関係があるのではないかと思います。わたしたちが苦痛に立ち向かう方法があるとすれば、鎮痛剤を飲むか、その場から逃げ出すかくらいのことでしょう。

ハリケーン・カトリーナが我が国の南部を襲った際に、メディアは大騒ぎで報道しましたが、それも一時的なもので過ぎ去りました。わたしたちの興味は新しいニュースに移動していったのです。ある評論家がこの「カトリーナ」に関連してこう述べました。

「このハリケーンの被害を見てわたしたちがこれほどの衝撃を受け、びっくりしているのは、普段から大衆がどんな暮らし方をして、どんな苦しみのなかに生きているかを、あまりにも知らないでいることを示しています。家を失ってしまったこと、食料と水の不足に悩まされていること、それが数百万の人々の日常の暮らしなのです。その改善に取り組むべきです」

確かにそれが大問題です。神学の課題として、拒否できない悲劇や規模の大きな人的災害を取り扱っている研究はほとんどありません。ありませんから、わたしたちは、別の方角を検討するための、あの手、この手を発展させているのです。

十字架は神の本当のお姿を表現する

無実の人が、十字架につけられて、窒息しそうになり、死ぬほどに血を流しているのを、三時間にわたって見つめ続けるなどということは、金曜日の過ごし方としては、あまり楽しいことではありません。それはわたしにも十分わかっているのです。

しかしながら、主キリストの十字架を見つめて瞑想するとき、わたしたちが見ることがらは、人間の苦しみがどんなに苛酷なものであったとしても、それをはるかに超えているということです。キリスト者なら信じています。十字架上のイエスさまを見つめてその意味を瞑想するならば、わたしたちは人間の望み得る最高の程度にまで、神さまのお姿を見る特権を許し与えられるのです。

神とわたしたち人間の関係についていろいろなことが語られていますが、そのなかでもっとも重要なことは、「十字架」です。

十字架は、単に裸の人間が苦痛のなかで死んでいく、ぞっとするような情景描写ではありません。それだけではなくて、神さまがこの世に対してなさることがらを全面的に目の当たりにさせてくれるのです。つまり、神さまが本当はどういうお方であるかを底の底まではっきりと見せてくれるのです。十字架はじつに、わたしたちと神との関係の核心なのです。

この金曜日（this Friday）は、一般に「良い金曜日（Good Friday）」と呼び慣らわされていますが、むしろ歴史的な呼称である「聖なる金曜日（Holy Friday）」と呼ぶ方が適切でしょう。「良い金曜日」と呼ぶには、キリスト者がイエスさまの十字架を「良い」と呼ぶ意味合いを少なからずこめる必要があるからです。

十字架は感傷的ではない

血まみれでポルノ映画並みの反発を招いた『パッション』は例外として、十字架上のイエスさまを思うときには、息の詰まるほど感傷的になる傾向が一般的であるようです。わたしたち主流派のプロテスタント教会の言い方だと、「イエスさまは、わたしたちの苦しみのときに、わたしたちと一つになってくださいます」、あるいは十字架において、「イエスさまはわたしたちと連帯されます」となるでしょうか。

ここで言われているのは、イエスさまがなさる最高のことがらは、わたしたちの苦しみの方が、ご自身の苦しみよりも重要であるとイエスさまが認識してくださるということです。この「不幸は、友を呼ぶ」神学は、宗教が治療法の一種になってしまい、神学が感傷的になった世界、すなわち、宗教はわたしの苦しみのいくぶんかでも癒してくれない限り役に立たないと思われている世界では、ものすごい人気を博しているのです。

「十字架の神学」と「栄光の神学」

裁く神としての主イエス・キリスト

さて、そこで考えてみたいのですが、一本の十字架には、感傷的な要素は何もないはずです。マルティン・ルターが繰り返し主張しているとおり、十字架の神学者は、ものごとをその真実の名前で呼んでいるだけです。十字架はすべてのものを検証して見るレンズとなります。つまり現実の姿を映して見せる鏡、人生の現実に入っていける窓となります。

確かに、キリストにあって、神さまはわたしたちの苦しみと死のなかに入って来られますが、そのときにキリストが苦難を受けられるのは、単にイエスが苦しんでいる人たちに心を寄せておられるからだけではなくて、実に、受け入れるわたしたち人間が、神と敵対している状態だからでもあるのです。人間は皆、自分が神になりたいのです。わたしたち自身とわたしたちのやり方を、神ご自身の上位に、神のなさり方よりも優先して、配置したいと望むのです。そうすると、必然的に、神の御子を十字架に釘付けする道をたどることになります。

わたしたち人間は、十字架にかかる存在ではなく、十字架にかける存在なのです。肉体となった神であるイエスさまを見たとき、わたしたちはそれがだれなのかわからず、その方がわたしたちと連帯してくださることに感謝もしないで、ほとんど一人残らず声をそろえて、「十字架につけよ」と叫びました。イエスさまの痛みは、釘のためばかりでなく、自分の弟子たちから裏切られたためでもあります。さっさと主イエスを見捨てて逃げ去ったからです。

被害者としての主イエス・キリスト

主イエスの十字架は、わたしたちのような、能動的で、才知の豊かな、神々を作成したがる人物を、受動的（パッシブ）な見物人に変えてしまいます。

　この受動的という言葉は語源としては受難（パッション）に通じるところがあるのにお気づきですか。ラテン語で「苦しむ」という言葉に由来しているのです。十字架の主イエスは、わたしたちの傍らに立ち、わたしたちを苦しめている絶望と病気と死に対する戦いに勝てるようにと力づけてくれますが、それだけではありません。イエスさまと一緒にわたしたちも、王の権威を持つ神の奇妙なお仕事を受容して苦しみをともにするのです。イエスさまは、ご受難を耐え抜かれましたから、わたしたちも、イエスさまがゲツセマネの園で身を低くさせられたように、身を低くさせられます。

　十字架につけられているのは神であると知るまでは、わたしたちがいつも、簡単に忘れてしまう事実があります。それは、神さまがわたしたちに同情してくださる神であられるだけでなく、聖なる神さまでもいらっしゃるということです。

十字架において、わたしたちは被害者になります。わたしたちの外側にいる邪悪な魔物の被害者でしょうか。大嵐や地震の被害者でしょうか。それともわたしたちの心のなかに巣食っている、あまりにも人間的な悪の被害者でしょうか。そういうものはいま問題ではありません。重大なのは、わたしたちが、正義のお方であり、権威を持つお方である神さまのお働きそのものの被害者であるということです。

十字架は鏡でもありますから、神がわたしたちとともにおられるという事実と同時に、神は徹底的にわたしたちに敵対しておられるという事実をも映し出してくれます。この十字架は、わたしたちにとってもっともきびしい判決であると同時に、最高に寛大な慈愛でもあります。

神さまは、いまの世の中がいまのままであったり、人間がそのままであったりするならば、わたしたちに近づいてくださることができません。だからこそ、わたしたちに手を伸ばしておられる、才知あふれる三位一体の神が、わたしたち人間と人間の世界に戦争をしかけ、苦しみと犠牲の十字架によって、勝利を勝ち取られて、すべてを変えられるのです。

ルターが批判した「栄光の神学者たち」

十字架を単なる感傷的なものにしておきたいから、そして、被害者意識文明とでも呼ぶべき現代文化の一員として取りこんでしまいたいから、わたしたちは自分のことを、十字架にかける側の罪人ではなく、苦しむ被害者であると思いたがるのです。わたしたちは、自分を被害者だと考えることが大好きなのです。そのため十字架は、精神的な療法の観点から見て「悪い」ものに変えられてしまいます。わたしたちが良いと考えることに対して神が「違う！」とおっしゃる、突きつめれば「良い」ことが、良い人に時折降りかかる「悪い」ことに変えられてしまうのです。

だからこそマルティン・ルターは、一五一八年に書いた「ハイデルベルク討論」の第二一命題で次のように言ったのです。すなわち……。


「栄光の神学者は悪を善と言い、善を悪と言う。十字架の神学者はそれをあるがままの姿で言う」[*1]

というわけで、キリストの十字架はわたしたちの真の姿を知らせてくれるのです。

十字架は、わたしたちの罪の倒錯した性格を暴きます。わたしたちの罪は、自らの最悪の性向に無言の同意を示したときに生じるのではなくて、むしろ、わたしたちが最善を尽くそうとするときに生じるのです。罪はわたしたちが悪いことをするときに（わたしたちは悪いことをする存在に違いありませんが）、そのときに生じるだけでなく、熱心に善を行おうとして、自分の手にすべてを納めて、自力でうまく実行しようと努力するときに、最悪の罪を犯すのです。これこそは、ルターが「栄光の神学」という言葉で表そうとしたことがらです。

栄光の神学は、わたしたちが、前方へ、上方へと霊的に動いていけるように定められていると教えてくれます。わたしたちは、自分ができると思えば、日々進歩し、より良く行動でき、良い仕事ができるようになっていくというのです。これが、現在、各地で盛んになっている「ニュー・エイジの宗教」の考え方で、人気が高くて売り物になるさまざまなスピリチュアリティー集団も同様です。

わたしたちのうちに、神聖な火花が散り、できると信じて熱心に努力すれば、「はしご」で神のみもとまで昇ることができるというのです。これこそは、「発展的キリスト教」です。確かにわたしたちは死ぬ存在かもしれませんが、それでも、この内的本質は永遠であるというのです。宗教がまたもや、人間を前進させ、上昇させていく、もう一つの技法にすぎなくなっています。

キリストとともに十字架を体験する

ガラテヤの信徒への手紙第2章19―20節で使徒パウロはこう言っています。

「わたしは神に対して生きるために、律法に対しては律法によって死んだのです。わたしは、キリストと共に十字架につけられています。生きているのは、もはやわたしではありません。キリストがわたしの内に生きておられるのです。わたしが今、肉において生きているのは、わたしを愛し、わたしのために身を献げられた神の子に対する信仰によるものです」

パウロが、「わたしは……十字架につけられています」と言うとき、いまひどい迫害に遭っているという意味で言っているのではありません。それよりは、一つの神秘を語ろうとしているのです。主イエスは処刑され、軽蔑され、屈辱を味わい、無力になるという十字架の体験をなされましたが、わたしたちも同じ十字架の体験をするのです。わたしたちが主イエスに従っていきたいなら、十字架に辿りつくまで、自分の十字架に辿りつくまで従うべきです。主イエスは、従おうとするわたしたちに十字架を与えてくださいます。負うべき重荷を背中に載せてくださいます。十字架は、わたしたちを十字架の物語に包みこんでくれます。主イエスとともにいるわたしたちにとって、十字架の物語が自分の物語になります。

こういう次第ですから、マルティン・ルターは「十字架のみがわれらの神学である」と宣言することができたのです。ルターは十字架についての論文の一つに、こう書いています。

「主イエス・キリストのご受難のお働きの成果は、現実的にまた真理として、人をキリストと調和させてくださることにある。キリストがわたしたちの罪を引き受けてくださって、おん憐れみのうちに、魂と肉体で苦しみを味わわれたように、まさにそれと同じ分量の苦しみを、我々の良心は

自分の罪の結果として、味わうべきである」[原注2]

現代版「栄光の」神学

現代の教会の礼拝の大半が、消費者経済の一形態になってしまっています。つまり、福音は、わたしたち自身の惨めさを減少させるために自分自身の心の奥深くに入っていく、もうひとつの技法（テクニック）となっています。

いま現在の経済社会は、がまんならないほどアップビートな社会、手のつけられないほどに楽観的な社会、「母さん・もう僕一人で・やっていけるよ」主義の社会です。このような社会では、「十字架の神学」はほとんどまったく売れそうもありません。わたしはこのことを認める人物の最初の一人でしょう。この経済社会でよく売れるのは、栄光の物語です。そちらは、わたしたちにごく自然になじんできます。ルター派の牧師で教会史の学者でもあるゲアハルド・フォード〔一九二七―二〇〇五年〕は、この物語を「昇りはしごの神学」と名づけました。神のみもとへと上昇していこうという神学だからです。栄光の物語は、ものごとを管理できる状態に人間を置く神学です。常に前へと、常に上へと。

「栄光の神学」がどんな形をとっていようと、主イエスの十字架はこれに攻撃をしかけます。人間をすべて空っぽにしてみせ、人間がただの塵にすぎないことを思い知らせます。人は死んでこそ生き、罵倒されてこそ学ぶのです。

まことに、使徒パウロが言うとおり、十字架の言葉は、「知恵ある者の知恵を滅ぼし[*2]」ます。この聖金曜日には、わたしたち人間の「前進と向上の物語」が滅ぼされ、もっと真実に近い「灰を灰に、ちりをちりに」〔聖公会祈祷書のお祈りで、葬儀などで用いられるものの一部分です〕という物語に代えられます。

十字架の前で自分の罪を告白する

知られたからには殺すほどの告白

バーバラ・ブラウン・テイラーが、ある修養会での体験を報告しています。指導者の一人が、参加者に課題を出しました。参加者のこれまでの生涯で、イエスさまの役割を果たしてくれた人を思い出して報告するようにと言ったのだそうです。テイラーはこう書いています。

自分の答えを発表してお互いに分かち合う時間が来て、ある女性参加者が立ち上がってこう発言しました。「この質問に答えようとして、つらい思いをしました。わたしは真剣に考え続けたんですよ。『だれがいったい、わたしに自身の本当の姿を知らせてくれて、「知られたからには、この男を殺してしまいたい」とまで思わせてくれたのか』とね」。

ヨハネによる福音書によると、イエスさまが殺されたのは、お会いになった人たちに、だれかれ構わず、真理をお語りになったからです。イエスさまは真理であり、完全な鏡でいらっしゃいました。その鏡にわたしたちは、神ご自身の光の中で映った自分の姿を見るのです。[*3]

そしてこの、神ご自身からの光は、真実に満ちて、明るく強烈でした。あふれる愛によって、わたしたちの愛に関する考えの偽りをすべて明らかにします。ですから、この光を消そうという無駄な努力をして、わたしたちは神の息子を殺したのです。

率直に告白すると言っても……

こういう事情ですから、いま、教会は、皆さんにここに腰かけていただきます。かなりの長い時間、暗闇のなかで、沈黙を守ってください。主イエスの七つのお言葉を聴いてください。目の前に描き出されることがらを見つめてください。普段なら隠しておきたいことも語ってください。外面と偽りを、剝ぎ取ってください。真実のイエスさまがどんなお方であったか、見せてくださったように、わたしたちの真実の姿も明らかに見せてください。

コラムニストのジミー・ブレスリン[*4]が書いています。

どんな状況にあろうとも、自分の個人的生活をこと細かに語るのは、馬鹿者だけだ。ある主婦が、夫の留守中にボーイフレンドと一週間すごしてきたことを悔いて夫に打ち明けようとした。罪の意識にさいなまれて、キッチンテーブルの前に座り、深刻な表情で、旅行から戻ってきた夫に話し始める。

「わたしたちには、話しあうべき大切なことがあります」

すると夫は、椅子にドスンと腰をおとして、こう答えた。

「わたしのしていることが、とうとうわかったのだな」

ですから、イエスさまの十字架を前にして、率直な告白が次から次へと出てきても、あまり驚かないでください。金曜日の午後の三時間で、丸裸になろうとするのは、馬鹿者だけです。イエスさまも驚かれる馬鹿者たちです。

十字架と復活はつながっている

引き続いてイースター（復活祭）が来ると、十字架につけられたイエスさまはよみがえりによってふさわしい報いをお受けになります。こうして神はこのイエスさまの味方であり、ここで神が勝利なさる、そのことが実証されるのです。わたしたち人間は神の位置にまで昇ることができませんから、神のほうで人間の位置に降りてこられる、いわば、人間のレベルにまで身を落としてくださるのです。これは歩きにくい道ですが、人間が神のところに行ける道、神が人のところへ来てくださる道は、これ以外にないと、キリスト者は信じているのです。

というわけで、十字架において、人間の受諾と拒否が同時に起こっていることを、キリスト者はひといきのうちに語ることができます。神の偉大なる「拒否」とは人間の野望や虚偽に対する断固たる拒否であり、神の偉大なる「受諾」とは、十字架と復活を同時に保持する信仰の受諾です。

「これからがんばって、悪魔にひとあわ吹かせてやります」とアルコール依存症から新たに立ち直った患者が言いました。

「うまくいくといいね」とわたしは祝福して別れました。しかしそれからわずか三か月でこの男がふたたびアルコールにどっぷり浸かるようになってしまったという話を聞いても、あまり驚きはしませんでした。人のうわさでは、それから彼はますます落ちていき、すべてを失い、どん底の暮らしになりました。そこまで落ちて彼は言ったそうです。

「自分の力で悪魔にひとあわ吹かせるなんて、とんでもない。酒をやめることのできる力は、自分にはまったくないのです」

ここまで自覚して初めてこの男は上昇に転じました。皮肉な話ですが、自分で何とかできるという気持ちがある限り、運命は定まっていたのです。自分で自分を助ける方法など、自分にはない、一〇ドルのウィスキーのボトルを見て、抵抗できる力は自分にまったくない、と知ったとき、心の底からそれを自覚したとき、この男は自分自身よりも頼りになるお方から力を与えられたのです。

これは、十字架体験にも似た一つの体験例です。

「栄光の神学」は自分で自分を助ける神学だ

「栄光の神学」は、わたしたちキリスト者に必要なものはほんのわずかな霊感のひらめきであり、それがすべてだと言います。すなわち、教会がそこにあるのは、軽いひと押しを与えるようなものであること、きっかけとなる少々の励ましを与えるものであること、わたしたちキリスト者により良い特質を発見させ、成長させる手助けをするものであること、わたしたちがもっと霊的、道徳的に社会に適合した人間になるよう導くものであることを主張します。結局は、自力救済がこれらの教会観の目標とするところなのです。

これらの主張は、一見良いニュースのように見えます。つまり、あなたはあなた自身の力で自分自身を救うことができますよ、もし、これらのことを信じさえすればね。この教会に通えばね、この情熱を感じられればね、この霊的な戒めを守ればね、などなどと言うのです。しかし、しばらく時が経ってみると、これが、休む暇もない、へとへとに疲れる、究極には実を結ばない労働についての、骨の折れる悪いニュースだったことがわかってしまうのです。

そういえば、現代のわたしたちの教会においても、しばしば、教会員のうち、（道徳的にも霊性の面でも）最良のメンバーが、いつもお疲れの様子に見えますね。だれであっても、霊性の働きを治療のシステムに、つまり霊的に向上する手段にする者は、その仕事にフルタイムで関わらざるを得なくなってしまいます。

もし実際に、ひとまとめに整理されている目的実現のための法則集があって（わたしはないと思います。すみません。リック・ウォレン先生）、それによってわたしたちは自分の人生を立て直すことができるのであるというなら、イエスさまの十字架の死は、神さまの犯した最大のミステークになることでしょう。主イエスは、そんなプログラムがあるのなら、まず初めにわたしたちに教えてくださり、それをこなすのにぴったりのテクニックを授けてくださったはずでしょう。わたしたちのために死んでくださるのではなくてね。

幸いなことに、イエスさまはよくご存じなのです。自分自身で自分を救うことなど、わたしたちにはうまくできないことを。

「十字架の神学」とヴィア・ドロローサ

「十字架の神学」はイエスさまと歩む道に、「ヴィア・ドロローサ」[*5]すなわち「ご苦難の道」が含まれることを想定しています。

先ほど紹介したアルコール依存症患者が言ったように、「ヴィア・ドロローサ」は人生のどん底を象徴しています。わたしたちキリスト者には、わたしたちを苦しめるものに対して、治療の方法が見つからないものがあります。罪がわたしたちを捕らえています。もっとも気高い行動、もっとも良い行動さえもが、わたしたちの罪の結果です。このことはイエスさまの十字架が明瞭に暴露しています。

イエスさまが十字架に釘付けされたのは、わたしたち人間が「最高の」理性を働かせた結果でした。また、「最上の」理想の実現を目指しての結果でした。聖書への忠実さ、法と秩序、権威者への敬意、宗教的参画への熱意などのあらゆる側面に最善を尽くして、イエスさまを十字架にかけたのでした。

ですから、だれもかれもが立ち上がって言わなければなりません。

「わたしの名前はウィルです。わたしは罪人です」

そして、このような告白に至るためのただ一つの方法は十字架にあります。

復活が明らかにする十字架の意味

真の道は十字架と復活の道

本書のように、聖金曜日に焦点を定めて、この口調で十字架を語る場合には、いつも、十字架と復活を同時に信じるよう心がけねばなりません。もっとも初期から主イエスに従った人たちは、この暗黒の金曜日の意味を、イースターの日曜日の光の中でのみ見ていました。

　イースターの朝、神は死者たちを全般的によみがえらせられたのではなくて、まさに死せるイエスをよみがえらせられたのです。イースターはそもそも「わたしたちが死んだら愛する者に出会えます」という意味あいは持っていません。そうではなくて、主キリストの十字架を見るとき、わたしたちは三位一体の神の真実のご性格を知るのだという意味を持っています。

　イエスさまがヨハネによる福音書で、「わたしは道であり、真理であり、命である。わたしを通らなければ、だれも父のもとに行くことができない[*6]」と言われたとき、まさにこの道、十字架の道、聖霊に導かれた道こそが、天の父にある命への唯一の道であるという意味でおっしゃったのです。そしてイエスさまのご復活において、神はイエスさまの道が真の道であるとお認めになりました。真の道とは何ですか。十字架と復活の道です。

> ナザレの人イエスこそ、神から遣わされた方です。神は、イエスを通してあなたがたの間で行われた奇跡と、不思議な業と、しるしとによって、そのことをあなたがたに証明なさいました。あなたがた自身が既に知っているとおりです。このイエスを神は、お定めになった計画により、あらかじめご存じのうえで、あなたがたに引き渡されたのですが、あなたがたは律法を知らない者たちの手を借りて、十字架につけて殺してしまったのです。しかし、神はこのイエスを死の苦しみから解

放して、復活させられました。（使徒2・22―24）

「しかし、神は……」

わたしたち人間が「救い主」に期待していたものは何でしょうか。わたしたち自身の力でわたしたちを救うことのできる計画表を持ってきてくれることではなかったでしょうか。この世の中の悪いところだとわたしたちが思うその悪いところを、一言でたちどころに修理してくれることではなかったでしょうか。「しかし、神は……」。

わたしたちは救い主に、わたしたちの困難な局面から救い出してくれるために、より「目的志向」の人間になれるような、「六つの簡単なステップ」を持ってきてくださるように請い願いました。

「しかし、神は」別のお方を心に描いておられました。神が死人の中から復活させられることによって、承認なさった「救い主」です。これが神の道です。このお方が神なのです。「イエスさまはよみがえられた」と言えば、「このイエスさまこそ、神の真のお姿を見せておられます。この方こそ、神であられるお方であり、神が味方されるお方です」と言ったことになります。

いま、試しに、「神はあの拷問者ヒトラーを死者のなかからよみがえらせなさった」と言ってみたらどうでしょうか。それはあなたの人生にどれほどの影響を与えるでしょうか。何か得るものがありますか。たいした変化は生じないでしょう。

しかしながら、「しかし神は、拷問に苦しんだイエスさまを死者のなかからよみがえらせなさった」と言うならば、わたしたちは公然の秘密に参入したことになります。この秘密とは、神がこの世の中で、ひそかに続けてこられていることがらです。キリスト者が「神」という言葉を使うとき、その意味は、死者のなかから主イエスをよみがえらせることによって、人を世に勝つ存在にしてくださるお方のことです。

十字架は神を求める道の挫折だろうか

十字架に復活が結びついていなかったなら、聖金曜日のあとにイースターが来なかったなら、わたしたちが十字架を語るとき、十字架の道は、神への方向に戻るために役立つ技法の一つであり、イエスさまが復活によって乗り越えて行かれる一時的な後退であるという解釈をしたくなったことでしょう。その誘惑を抑えることができなかったはずです。

また、宗教的な道について語るならば、それが安易な道ではなくて、課題の多い、困難な道であるが、それでも、この道は最終的には天国に通じていて、天的な報酬が約束されており、途中での犠牲はその価値があったと理解できるはずのものだと言わねばならなかったでしょう。となれば、英雄的な自己犠牲や、まじめな苦闘や、熱心な労働、道徳的な業績達成などの人間的努力の入りこむ余地があったはずです。

「史的イエスの再構築」を試み、何であれそこで発見したことを信条として生き、神に関して気持ちを上向かせてくれること、心理学的に有用なことなら何でも信じて生きていくこともできるでしょう。

しかし、十字架は、こういった一時的な小休止、挫折ではありませんでした。キリストの十字架は、完全な破滅、まったくの棄却、見放された死、現実の虚無、神が何もので何を望んでおられるかを発言する試みさえまったくなされなくなった集団的壊滅だったのです。

復活はすべてを明らかにする

しかしここで、復活が壮大な証言となります。それは、十字架が一時的な挫折を意味するのではなく、神がこの世と関わられる方法であるという証言です。十字架は、この神のご性格を表し、苦難の愛を通して、勝利を勝ち取るための道なのです。

神がわたしたちのような罪人に近づくには、わたしたちの流血と不正のすべてを、苦しんで受けとめられる他に道はないのです。また、罪人のわたしたちが、神に近づくには、神がお定めになった十字架と復活の道、すなわち、死からの命、命への道としての死、これ以外に辿る道はありません。

十字架における恐怖に正面から立ち向かって、子なる神が味わっている荒涼感と敗北感を贖いとることがおできになるのは、父なる神のみです。そして、その敗北を贖う方法は、驚きあきれるような手段、すなわち十字架で刑死した方の復活です。これ以外に、希望はありません。

復活なしには、真理を語ることはできません。そして真理とは十字架です。復活祭（イースター）が必ず来るという確信がなかったら、聖金曜日に十字架上の主イエスを終日見つめ続けるのに耐えられないというのはもっともです。日曜日のイースター礼拝に来ない人は、聖金曜日のリタージー（礼拝儀式）で何をやっているのかわからないと思います。聖金曜日に三時間をここで過ごせなかった人は、当然イースター礼拝にほんとうに参加することはできないでしょう。

イースターが十字架を無効にすると言っているのではありません。むしろ、イースターは十字架を強化するのです。なぜならイースターは、神の驚くべき真実を、つまり、まったく神らしからぬ行動をとってまでわたしたちを愛する神だということを、証言するからです。

ハイデルベルク討論

それでも復活は死がなくては起こり得ません。一五一八年のこと、マルティン・ルターは自分の「新しい神学」を弁明するようにと依頼されました。ハイデルベルクで、アウグスティヌス修道会の兄弟たちを前にして。

「ハイデルベルク討論」はルターの弁明、その議論の根拠を十字架の真理に置いた弁明です。それまでルターは、教会の定めた霊的訓導とキリスト者の実践（良き行為）を神への道だとすることを批判し、攻撃を加えていました。神への道として唯一のものは、神からの道つまり十字架なのです。十字架においてこそ、知識、力、良い言葉、栄光と見なされていたものがすべて見せかけであることが示される。ルターはこう言って、神についての真理を語ります。

このことは明らかである。なぜなら、キリストを知らないかぎり、受難の中に隠されている神を知らないからである。それゆえ、このような人はキリストの受難よりは自分の行ないを選び、十字架よりは栄光を選び、弱さよりは力を、愚かさよりは知恵を、普遍的には、悪よりは善を選ぶ。こういう人々は、使徒が「キリストの十字架の敵」〔フィリピ三・一八〕と呼んでいる人たちである。なぜなら、彼らは十字架や受難を憎んで、かえって自分の行ないとその栄光とを愛し、また、こうして十字架の善を悪と呼び、自分の行ないの悪を善と呼ぶからである。

しかし、すでに述べたとおり、神は受難と十字架における以外は、決して見出されない。それゆえ、十字架の友は、十字架が善であり、人間の行ないは悪であると言う。なぜなら、十字架によって人間の行ないが破壊され、行ないによってむしろ立てられるところのアダムがかえって十字架につけられるからである。

まず受難と悪とによって空しくされ、破壊されて、自分自身は無なるものであり、自分の行ないは自分のものでなく神のものであることを知るに至らなければ、自分のよい行ないについて高慢にならないようにすることは不可能である。[*7]

わたしたちにとっては、十字架とは深い苦しみを負うことです。深い苦しみとは、わたしたちのもっとも良い行い、もっとも壮大な発想が、惨めな失敗に終わったと認めざるを得ないときに襲ってくるような苦しみです。これらすべての人間的な上昇志向が、自分でひそかに誇りにしてきた霊的な野望も含めて、みな死を宣告されるのです（一コリント1・18―25）。

ルターも言っています。「わたしたちが正義だったとき、神はその正義のゆえにわたしたちを笑っておられた」。栄光の神学者は、苦難は徹底して悪であり、克服されるべきもの、麻酔をかけられるべきもの、完全に説明しきれるもの……と見ています。十字架の神学者は、苦難は世界で起こっていることを示すカギであり、人間の真実の状態と、神がそれに対してなさろうとすることを知る糸口であります。

ありがとう、今日は金曜日

十字架上の七つの言葉の説教

さて、ここまで続けてきた「十字架上の七つの言葉」の黙想で、わたしたちはほんの数語の文章から大きな話を組み立ててきました。ルターは、説教者になろうというほどのものは、聖書のたった一言の言葉から説教を組み立てられるようになるまでは、説教することを許されないと、きびしいことを言っています。ルターは、この七つの言葉のような聖句を念頭に置いて発言したのでしょう。しかし、この日、これらの御言葉から、あまりに多くを語ることはほとんど不可能です。

聖金曜日にキリスト者が集まって礼拝を守り、主イエスの十字架上の言葉と行動を思い起こすことは、キリスト信仰の最初の数世紀から行われていました（エテリア、別名エゲリアという紀元四世紀の修道女が書いた『巡礼記』は、エルサレムの教会で聖金曜日に行われていた礼拝の詳細を記録しています）。しかし、「十字架上の七つの言葉」が礼拝で取り上げられるようになったのは、比較的新しい時代からのことです。

七つのお言葉の一つひとつについて説教がなされ、黙想をしながら、三時間礼拝の集会をするという現代の習慣は、多分ペルーで十七世紀の司祭（アロンソ・メシア・ベドーヤ、一六六五―一七三二年）によって創案されたものでしょう。この礼拝形式が有名になったのは、一六八七年にペルーで続発した地震によって受けた心の傷という要因が大きな影響を与えていると論じる人たちがあります。

わたしは「主イエスの最後の七言」の説教による礼拝を、あのアメリカを揺るがした「9・11」事件（二〇〇一年）のしばらくあとに、ニューヨークのマンハッタンの中心にある教会でとりおこないましたが、この七つの御言葉が、集まった方々に新しい反響を呼び起こしているのを実感しました。これらの言葉は、世界が知る限り最大の、地球を揺るがした事件――人類が救い主であるイエスを十字架にかけたという事件――そのただなかで語られた言葉だったのです。

一年に一度の金曜日の午後の礼拝

通常は、わたしたちは金曜日には共同の礼拝をささげません。キリスト者は、非常に初期の時代から、律法に規定されているにもかかわらず、安息日（土曜日）を尊重すること、聖なるものとすることを中止しました。日曜日に礼拝することにし、日曜日を「主の日」と呼ぶようになりました。

わたしたちは主の復活を祝う喜びと勝利の証言者であるがゆえに、日曜日に教会で礼拝し、主の食卓（聖餐）を祝うのと同じように、一年に一度、金曜日の正午から午後三時まで、礼拝を行います。この日には、わたしたちは断食します。日曜日の祝いの式服は用いないで、明かりを消した教会に集い、主の御言葉だけに思いをこらします。

この神は、わたしたち人間を愛するがゆえに、わたしたちのために命を捨ててくださいました。そして今、愛するがゆえにわたしたちに言葉をかけてくださり、十字架上での死を目前にしてわたしたちに最後の教えを与えてくださいます。その目的は、わたしたちがこれらの言葉を聴いて、あるいは三位一体の神の間での会話を耳にして、永遠に生きるだけでなく、この神とともに永遠に生きることを、学ぶためなのです。

神がこのように人間に近づいてくださるときに、どれほどの苦しみが生じたか考えたことがありますか。わたしたちには、救い主やメシアをただちに殺そうとする傾向があります。

三位一体のこの神のような方が、わたしたちのような人間に近づいてくださるには、十字架がどうしても必要なのです。三位一体の神の本質は愛です。完全な愛、絶えずわたしたちに近づいてくださる愛、全面的な愛です。このような激しい愛に対して、わたしたち人間の応答は、だれでも知っているとおり、自己防衛、自己保存に凝り固まった憎しみです。

そしてわたしたちは、この三位一体の愛の神と敵対したままで永遠に生きることはできないのです。だからこそ、この金曜日に十字架の説教が聞こえているのです。復活の日曜日の喜びの光によってのみ意味を持つ、厳粛な説教の言葉が語り続けられているのです。

わたしたち人間は、不平不満を抱いて生きてきました。二千年を越えて、神さまを求めて上に手を伸ばしながら。自分で自分の神になれるものならなりたいという思いをかかえながら。その一方では、神さまがわたしたちに何を望んでおられるのかは、まったく知りもしないで生きてきました。だからこそ、わたしたちは、血に染まった十字架を見つめます。そして、それを「良い」と呼びます。だからこそ、わたしたちは、声を合わせて告白します。

「神よ、ありがとうございます。今日は金曜日です」。

原注1　バプテスマのヨハネを描いたグリューネヴァルトの祭壇画をふくめ、この話題については申し上げたいことがたくさんあって、下記の最近の著書に書いておきました。William H.Willimon, *Conversation with Barth on Preaching*, Nashville: Abingdon, 2006.〔ウィリアム・H・ウィリモン、宇野元訳『翼をもつ言

葉――説教をめぐるバルトとの対話』新教出版社、二〇一五年〕

注2 *Lutehr's Works*, Philaderphia: Fortress Press, 1958-72, 42.7-14.

＊1 『ルター著作集 第一集 第一巻』「ハイデルベルクにおける討論」久米芳也訳、聖文舎、一九六四年。

＊2 コリントの信徒への手紙一第1章18―19節

＊3 バーバラ・ブラウン・テイラー。一九五一年―。米国聖公会司祭、説教者、著述家。引用は、Barbara Brown Taylor, "The Perfect Mirror," *The Christian Century* 115, no.9 (March 18-25, 1998) : 283.

＊4 一九三〇年生まれのアメリカのジャーナリスト、作家。引用は、Jimmy Breslin, "You Can't Eat Honor," *Esquire* (October 1993) : 176.

＊5 エルサレム市内、イエスさまが十字架を背負って歩いたとされるピラトの官邸から処刑場ゴルゴタまでの約五百メートルの道のりのこと。「悲しみの道」。

＊6 ヨハネによる福音書第14章6節

＊7 徳善義和『マルチン・ルター 原典による信仰と思想』二〇〇四年、リトン、七二―七三ページ。『ハイデルベルク討論』第二一命題と同解説

訳者より一言

上田好春

本書は、二〇〇六年にアメリカリのアビンドンプレス社から刊行されました。ウィリモンの著作のなかでは、比較的新しい書物です。原題は、*Thank God It's Friday: Encountering the Seven Last Words from the Cross* で、「神は感謝すべきかな、今日は金曜日です——十字架からの最後の七つのお言葉と出会う」と訳されます。日本版では、サブタイトルを書名にしました。

"Thank God. It's Friday." は、学生や若いビジネスマンがふつうに口にする言葉です。週末になって、さあ、これからがお楽しみ、という気分を表しています。神さまを念頭に置かないでも、「おやまあ、もう金曜日だ」と思ったら、すぐに気楽に発言されます。"Thank God" には、「ありがた迷惑」という響きさえあります。

日本でも高度成長期に、週休二日制が定着し始めたころ、「花の金曜日」という言葉が流行しました。当時の、「花金」に近い言葉でもあるのです。そんなフレーズを書名として、キリストの十字架の金曜日についてご一緒に考えていきましょう、というのが著者ウィリモンの姿勢なのです。

サブタイトルに用いられている「エンカウンター」は、人と人の出会いを示す言葉で、「出遭う」という漢字が盛んにつかわれた時代もあり、魂と魂の触れ合いを意味しています。十字架上のイエスさまの言葉に出会ってほしいという著者の願いがこめられているわけですが、それはすなわち、神の子イエスに出会ってほしい、父なる神に出会ってほしい、聖霊なる神に出会ってほしいという意味になるのです。


この本を、受難週の前に発行しようと、日本キリスト教団出版局の皆さんと力を合わせてきました。

訳者は、今から実に五十七年前、一九六〇年四月十七日のイースターに洗礼を受けました。十八歳の高校三年生（というか、浪人生になったばかりの者）が東京の富士見町教会で島村亀鶴牧師から洗礼を授けていただいたのですが、受洗の決断をしたのは、その三日前の受難週祈祷会に出席したときでした。いかにも伝統的な建物である同教会の小礼拝堂において島村先生のお話を聞いていました。そして、「父よ、彼らを赦し給へ、その爲す所を知らざればなり」というイエスさまのお言葉が、「実はお前さんのためなのですよ」と言われたのを、衝撃的に受けとめたからでした。

インターネット上でウィリモンのこの本の紹介を見て、自分で訳したいと思ったのは、そういう個人的な信仰体験があったからでもあります。

訳し始めて、まず戸惑ったのが、この第一の言葉でした。「父よ、彼らを赦し給へ」から、「彼らを」

をはずしておいて、論理を進めているのです。主イエスと父なる神との対話では、まず「赦し」が祈られている。「彼ら」が何をしようが、まず赦されている、「初めに赦しがあった」という、ものすごい神学の議論が、ここで展開されていくのですね。実に「先行する赦し」こそが、ウィリモンのテーマであり、このテーマが、本書全体を貫いています。

この本には、「祈りによる問題提起」というコラムが、主イエスの十字架上のひとつひとつの祈りにつけてあります。まるで当時十八歳の自分が祈っていたような祈りだと思いました。未熟だからこそ、時事問題にも触れて、神さま、これはどうなんですか、あれはどうなっているのですか、と問いただしていました。お祈りは、まさに神さまとの対話ですから、何を祈ってもよいのです。本音をぶつけてこそ、神さまの本当のお答えが与えられるのです。そしてこういう祈りこそ、どこの教会でも大事にしなければならないものなのです。

「主イエスよ、もっと、派手な罪を犯した人のために、命を捨ててください」（八四ページ）という祈りは、今まで、キリスト教の書物で読んだことがありません。でも、確かに本音の質問だと思います。答えは必ずしも第四の言葉の章に明示されてはいないようで、「まとめの言葉」という章で、答えが出てくると思います。ウィリモンは、一人ひとりのお祈りを大切にすることで、教会形成をしていると思います。

本書のもう一つの特色として、この「まとめの言葉」という章のことがあります。英語で、

Afterwordと書いてありましたから、「後書き」だろうと思って、軽く見ていたのですが、とんでもなかったですね。分量にしても、内容にしても、充実していました。主イエスの十字架の言葉の後に、そのご復活が続くことが、述べられています。

一五一七年の「九十五か条の提題」に続いて、一五一八年に実施された「ハイデルベルク討論」というものが、マルティン・ルターの「十字架の神学」の主張を明らかにしました。自分の救いを達成するのに、すべてを神さまにお任せするのが「十字架の神学」で、何か自分で功績を上げて、それを認めてもらって救われようとするのが「栄光の神学」です。ルターの宗教改革から五百年、しつこくも人間は、自力で救われようと、もがき続けてきました。いつでも「栄光の神学」へと逆戻りしてしまうのです。

先ほど紹介した「祈りによる問題提起」として挙げられているテーマは、ルターの言う「栄光の神学」に属するものだと理解することが大切だと思います。こういう祈りをしてはいけないとか、悪い祈りだとか言うのではなく、正直な祈りをしてきよめられていくことが大切だと言っていると思います。

翻訳は、できるだけ、今までキリスト教に触れていなかった方々や、教会の新来会者、求道者にも気軽に読んでもらえる文章にしようと心がけました。原著にない中見出しと小見出しをつけたのも、同じ趣旨からです。

日本の多くの教会で大いに用いられる本になってほしいと、心から祈っております。

上田好春《うえだよしはる》

1965年東京大学文学部国史学科卒業。講談社入社。

1971—73年講談社長期海外留学生としてアメリカ・シラキューズ大学大学院に留学。帰国後は月刊誌、学術書、事典等の編集を手がける。

1998—2000年東京神学大学夜間講座を受講。

2001年日本基督教団補教師となる。

2003—06年広島・尾道吉和伝道所にて副牧師。

2006年日本基督教団正教師試験合格。

日本基督教団国分寺南教会に出席。

2006年以来、加藤常昭主宰「説教塾」の機関誌「紀要説教」編集委員。

2011年『CDで聴く日本の説教「島村亀鶴」』（日本キリスト教団出版局）監修を担当。

訳書　ウィリモン『異質な言葉の世界——洗礼を受けた人にとっての説教』『介入する神の言葉——洗礼を受けていない人への説教』（日本キリスト教団出版局）

装丁・岩崎邦好

W. H. ウィリモン
十字架上の七つの言葉と出会う

2017年 3月10日　初版発行

訳者　上 田 好 春

発行　日本キリスト教団出版局
〒169-0051　東京都新宿区西早稲田2-3-18
電話・営業03（3204）0422　編集03（3204）0424
http://bp-uccj.jp

印刷・製本　三松堂

ISBN978-4-8184-0965-1 C0016　日キ販
Printed in Japan